国之重器出版工程
制造强国建设

“互联网+”绿色制造融合发展新图景

秦 业 肖荣美 编著

電子工業出版社
Publishing House of Electronics Industry
北京 · BEIJING

内容简介

本书内容主要来源于世界银行中国经济改革促进与能力加强项目（TCC6）绿色制造公共服务提升与政府绿色制造管理机制创新子项目。本书从政策和产业两个视角诠释互联网思维下的绿色制造理念与实践，可以帮助读者快速且系统地了解行业概况、发展趋势及政策导向。在政策层面，本书系统地梳理了国家层面的战略部署和支持举措，并对我国发展“互联网+”绿色制造的产业政策环境进行了展望。在产业层面，本书通过大量的实践案例对互联网前沿技术在制造业研、产、供、销、服务环节的典型应用场景与模式进行了分析。本书分为上下两篇，上篇聚焦前沿技术、产业政策、应用模式，基于作者团队近年来大量的产业调研与案头研究，结合国内外政府与产业界的实际案例进行了深入浅出的分析；下篇精解了十余个产业界的实践案例，这些案例来自不同行业并都已经落地实施，且产生了一定的社会效益和经济效益，对产业界开展相关创新实践具有很好的指导意义。

本书可供高等院校信息通信技术类、工业制造类、公共管理类、环境类专业师生使用，也可供相关科研机构、制造企业与信息通信企业人员使用。

图书在版编目（CIP）数据

“互联网+”绿色制造融合发展新图景 / 秦业，肖荣美编著. —北京：电子工业出版社，2022.1
ISBN 978-7-121-42242-3

Ⅰ. ①互…　Ⅱ. ①秦…　②肖…　Ⅲ. ①互联网络－应用－制造工业－无污染技术－研究－中国　Ⅳ. ①F426.4

中国版本图书馆 CIP 数据核字（2021）第 212452 号

责任编辑：徐蕾薇　　特约编辑：劳嫦娟
印　　刷：北京七彩京通数码快印有限公司
装　　订：北京七彩京通数码快印有限公司
出版发行：电子工业出版社
　　　　　北京市海淀区万寿路 173 信箱　　邮编：100036
开　　本：720×1000　1/16　印张：13.25　字数：255 千字
版　　次：2022 年 1 月第 1 版
印　　次：2024 年 1 月第 2 次印刷
定　　价：88.00 元

凡所购买电子工业出版社图书有缺损问题，请向购买书店调换。若书店售缺，请与本社发行部联系，联系及邮购电话：（010）88254888，88258888。

质量投诉请发邮件至 zlts@phei.com.cn，盗版侵权举报请发邮件至 dbqq@phei.com.cn。

本书咨询联系方式：xuqw@phei.com.cn。

《国之重器出版工程》编辑委员会

郑纬民	中国工程院院士
郑建华	中国科学院院士
屈贤明	国家制造强国建设战略咨询委员会委员、工业和信息化部智能制造专家咨询委员会副主任
项昌乐	中国工程院院士
赵沁平	中国工程院院士
郝　跃	中国科学院院士
柳百成	中国工程院院士
段海滨	“长江学者奖励计划”特聘教授
侯增广	国家杰出青年科学基金获得者
闻雪友	中国工程院院士
姜会林	中国工程院院士
徐德民	中国工程院院士
唐长红	中国工程院院士
黄　维	中国科学院院士
黄卫东	“长江学者奖励计划”特聘教授
黄先祥	中国工程院院士
康　锐	“长江学者奖励计划”特聘教授
董景辰	工业和信息化部智能制造专家咨询委员会委员
焦宗夏	“长江学者奖励计划”特聘教授
谭春林	航天系统开发总师

序言

“互联网+”绿色制造是通过以互联网为基础的新一代信息通信技术与制造业全产业链深度融合，综合优化资源消耗和环境影响的现代制造模式。推进“互联网+”绿色制造，是践行绿色发展理念，倡导绿色、低碳、循环、可持续的生产生活方式的重要抓手，对于提高资源能源利用效率、培育经济新增长点、促进生态文明建设具有重要意义。随着第四次工业革命在全球范围内风起云涌，“互联网+”绿色制造日益受到发达国家的普遍关注，尤其是在全球气候持续变暖、后疫情时代经济复苏需求强烈的大背景下，如何快速有效地应用低碳环保、可持续的方式拉动经济增长，是全球各大经济体共同面对的重要课题。我国经济当前正处在转变发展方式、优化经济结构、转换增长动力的攻关期，转变发展理念、调整失衡结构、探索可持续发展模式的任务十分紧迫。与此同时，作为制造业大国和互联网大国，我国具有全球最齐全的制造业门类，也掌握着全球领先的 5G、物联网、云计算、人工智能、大数据等“互联网+”技术与产业链，相互融合创新动力强劲，发展空间尤为广阔。面对百年未有之大变局，当前亟须政、产、学、研各方紧密协同，共同提升“破局”的实力与魄力，特别是要树立创新思维，以“敢为天下先”的精神打造“互联网+”创新技术模式与业态，共筑可持续发展新动能，实现经济发展与生态文明的共赢。

《“互联网+”绿色制造融合发展新图景》一书从“互联网+”与绿色制造

的基本概念出发，重点从政策与产业两个层面展开论述：政策层面着眼于第四次工业革命、全球气候变暖、碳中和等时代背景，以国际视角分析了国内外典型发展战略及财政、金融、税收、人才等相关产业政策，并对我国未来一段时间内政策的重点支持方向进行了展望；产业层面聚焦于新技术的发展趋势与制造业全产业链绿色化转型的现实需求，系统梳理了国内外多个领域的前沿应用案例，勾勒了一幅“互联网+”绿色制造融合创新全景图。本书作者团队由来自中国信息通信研究院政策与经济研究所的专家组成，该团队具有多年产业规划、政策研究与国际交流经验。本书内容全面、深入浅出，既展现了全球化的政策视野，也体现了作者团队对当前碳中和可行路径与着力点的独到见解，相信可以为来自政、产、学、研各界的读者带来有益启发。

辛勇飞

2021 年 6 月 16 日

前言

自新中国成立以来，我国工业发展取得了举世瞩目的成就，在几乎毫无基础的情况下，短短几十年间，建立起西方国家花费数百年才完成的完备工业体系，并且成为全球产值最高、门类最齐全的世界第一制造大国。然而，在过去的发展历程中，经济增长很大程度上是由粗放的要素驱动型生产模式带来的，伴随着巨大的资源消耗和严峻的环境污染。近年来，我国经济发展进入新常态，习近平总书记明确提出中国经济要“从要素驱动、投资驱动转向创新驱动”。绿色可持续发展事关中华民族永续发展和构建人类命运共同体，党中央经过深思熟虑已将我国力争 2030 年前实现碳达峰、2060 年前实现碳中和定调为国家级绿色发展战略。“十四五”时期是碳达峰的关键期、窗口期，如何深入实施可持续发展战略，完善生态文明领域统筹协调机制，构建生态文明体系，促进经济社会发展全面绿色转型，实现人与自然和谐共生的现代化，是当前政、产、学、研各界共同关注的核心问题。

在传统制造业积极寻求绿色化转型发展的同时，以互联网为基础的新一代信息通信技术所引发的第四次工业革命正在全球范围内风起云涌，成为后疫情时代全球主要国家经济复苏的重要抓手，也是全球制造业各领域领军企业实现绿色化转型的普遍选择。基于物联网、云计算、大数据、5G、区块链等新一代信息通信技术融合创新的绿色产品、绿色工厂、绿色园区、绿色供应链快速涌现，成为绿色发展理念推广与实践的关键载体。

本书从政策和产业两个视角诠释互联网思维下的绿色制造理念与实践，可以帮助读者快速且系统地了解行业概况、发展趋势及政策导向。在政策层面，本书系统地梳理了国家层面的战略部署和支持举措，并对我国发展“互联网+”绿色制造的产业政策环境进行了展望；在产业层面，本书通过大量的实例对前沿技术与应用、制造业研、产、供、销、服务环节的典型应用场景与模式进行了分析。本书分为上下两篇，上篇聚焦前沿技术、产业政策、应用模式，基于作者团队近年来大量的产业调研与案头研究，结合国内外政府与产业界的实际案例进行了深入浅出的分析；下篇精解了十余个产业界的实践案例，这些案例来自不同行业并都已经落地实施，且产生了一定的社会效益和经济效益，对产业界开展相关创新实践具有很好的指导意义。

本书内容主要来源于世界银行中国经济改革促进与能力加强项目（TCC6）绿色制造公共服务提升与政府绿色制造管理机制创新子项目，由中国信息通信研究院秦业、肖荣美编著，李昭、张巾、王心焕、王欣怡、张群等参与了部分研究与写作工作，其中李昭、王心焕重点参与了“互联网+”绿色制造技术与模式的研究和写作工作，张巾、王欣怡、张群重点参与了国内外产业政策的研究和写作工作。特别感谢工业和信息化部节能与综合利用司在本书编写过程中给予的全程指导。

对于“互联网+”绿色制造这个快速发展的领域，本书的内容覆盖并不一定全面，可以看作一次有益的研究探索。我们希望通过本书的出版能进一步引发政、产、学、研各界的共鸣，让“互联网+”新技术与新模式在制造业绿色化发展的进程中发挥更大的作用，为共同建设美丽中国提供坚强有力的支撑。

编著者

2021 年 6 月

目录

上篇 时代背景与趋势展望

下篇　产业探索与实践

上篇

时代背景与趋势展望

第一章

“互联网+”绿色制造的兴起及时代意义

“互联网+”绿色制造作为新一轮科技革命和产业变革中孕育出的新型制造模式，是第四次工业革命的重要体现，已成为世界各国高度关注的重点领域。我国作为制造业大国和互联网大国，在制造领域加快集成应用各类“互联网+”技术，既是在现有基础上推动制造业高质量发展的关键途径，也是助力我国尽早实现碳达峰、碳中和目标的重要举措。

一、绿色制造与“互联网+”绿色制造的概念由来

绿色制造是一种综合考虑环境影响和资源效率的现代制造模式，又可称环境意识制造（Environmentally Conscious Manufacturing）、面向环境的制造（Manufacturing for Environment），其目标是使产品在从设计、制造、包装、运输、使用到报废处理的整个生命周期中，对环境的影响最小，对资源的利用效率最高，并使企业经济效益和社会效益协调优化。从系统论角度看，绿色制造是一个包括投入、产出、生产制造、消费使用与报废回收等全生命周期的一体化封闭运行系统，其中涉及绿色原料、绿色能源、绿色生产、绿色产品、绿色消费、绿色循环等诸多环节。

绿色制造概念的提出，始于 1996 年美国制造工程师学会（SME）发表的《绿色制造蓝皮书》（*Green Manufacturing*）。1998 年，SME 又在国际互联网上发表了关于绿色制造发展趋势的主题报告，对绿色制造研究的重要性和有关问题进行了进一步的介绍。20 世纪末，美国、加拿大、西欧等发达国家和地区对绿色制造及其相关问题的研究非常活跃。美国的麻省理工学院、加州大学、卡耐基梅隆大学等都对绿色制造进行了大量研究，美国国家科学基金会也对绿色制造中相关研究项目给予了高度重视和资金支持。加拿大温莎

大学建立了环境意识设计和制造实验室及网上信息库，对环境意识制造中的环境性设计、生命周期分析等进行了深入研究。欧洲国际生产工程学会发表了不少关于环境意识制造、多生命周期工程等相关领域的研究论文。英国可持续性设计中心对生态设计、可持续性产品设计等进行了集中研究，并开展了有关教育工作。

我国政、产、学、研界对绿色制造也进行了大量研究。国家自然科学基金和国家 863 计划支持了一定数量的绿色制造相关研究课题，国内不少高校和研究院所对绿色制造的理论体系、专题技术都做了大量的研究。国家环境保护总局于 1996 年 1 月批准成立了华夏环境管理体系审核中心，专门负责 ISO 14000 系列标准在我国的实施、培训工作及同国际有关机构的交流，并建立了专门的网站——中国环境管理体系认证信息网。党的十八大以来，在努力转变高投入、高能耗、高污染的粗放式发展模式，以及节约资源、保护环境等一系列理论的指导下，绿色制造逐渐在政策层面受到重视。我国政府与产业界不断统一认识，逐步明确了对绿色制造体系的界定，即对产品全生命周期的绿色管理，包括推行绿色设计、开发绿色产品、建设绿色工厂、发展绿色工业园区、打造绿色供应链。

随着制造业不断向数字化、绿色化演进，单纯的工业技术已经难以满足制造业的发展需求，以互联网等信息技术为基础的融合创新技术、应用模式开始展露身手。"互联网+"绿色制造，就是利用先进互联网技术，对绿色制造这一整体化运行体系进行更深入的构造和健全，并以该运行体系为基础，推进绿色制造全流程的系统优化与升级。在产业界的应用实践中，"互联网+"绿色制造体系的本质在于，利用先进互联网技术建立健全分行业、分领域甚至分产品的绿色制造全生命周期体系，不断完善相应的绿色制造标准体系、监测体系、信用体系、奖惩机制，利用各类平台广泛传播绿色制造新技术、新产品、新模式，以此充分激发出全产业界开展绿色制造的创新活力，强化企业推进绿色制造的责任意识。

二、"互联网+"绿色制造发展的时代背景

随着第四次工业革命在全球范围内风起云涌，以云计算、大数据、物联网、人工智能、区块链等为代表的"互联网+"技术创新迅速，加速与制造业各领域全面深度集成，带动制造业向高端化、智能化、绿色化方向迈进，为经济的可

持续发展开辟了新道路、拓展了新边界、注入了新动力。在这样的趋势下，发达国家纷纷加快战略布局，将互联网技术与制造技术深入融合，特别是通过互联网融合创新的技术、产品与模式促进制造业的绿色发展，以抢占经济发展先机和战略制高点。我国正处于两个强国建设关键时期，以“互联网+”促进制造业绿色化发展，已经成为实体经济高质量发展的关键途径和重要依托。

（一）“互联网+”绿色制造是第四次工业革命的重要内容

历史上每一次信息技术与制造业的融合都有效促进了制造业的节能降耗与可持续发展。从 20 世纪 50 年代开始，计算机技术被引入制造领域，数控系统由此诞生并推动大批量、规模化生产能力的大幅提升。70 年代起，软件工程、图形图像、数据库等技术兴起并成熟，CAD 进入商用领域，制造业逐步进入计算机集成制造阶段，极大地缩短了产品从研发到批量生产的周期。90 年代，互联网开始商用、桌面操作系统快速发展、商用软件极为丰富，ERP、MES、PLM 等专业系统投入应用，制造企业生产管控和组织管理能力全面提升，进一步降低了产品全生命周期的能耗污染。

21 世纪以来，以互联网技术为代表的新一代信息技术向工业研发、设计、生产、流通、服务、回收、管理等各环节加速渗透，驱动新产品、新模式、新业态不断涌现，信息技术在工业中的作用从过去的单点应用、环节集成发展为全面渗透、深入融合，为工业发展赋予了网络化、个性化、服务化、智能化、绿色化的新特征，推动进入工业互联网时代，绿色制造、绿色发展得到进一步深化。信息技术与绿色制造的融合发展历程如图 1-1-1 所示。

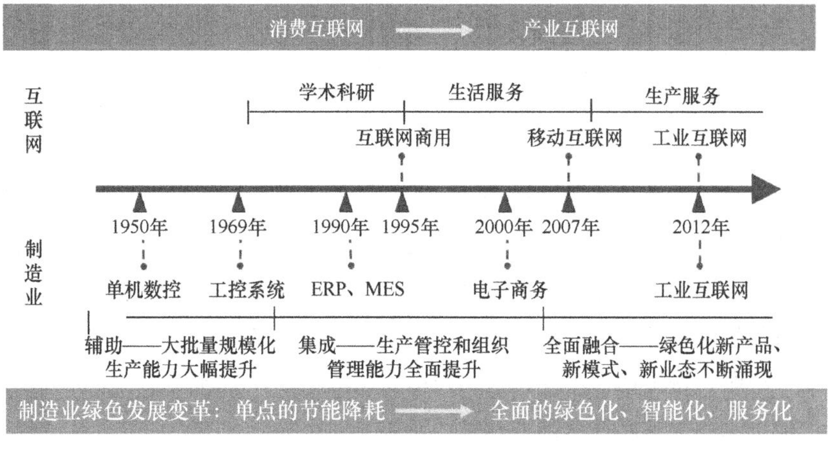

图 1-1-1 信息技术与绿色制造的融合发展历程

（二）“互联网+”绿色制造已成为全球主要国家的共同选择

欧美发达国家基于制造业和信息通信领域的产业技术积累，在绿色制造技术、融合应用体系与经济社会需求等方面发展较为成熟。目前，发达国家推进“互联网+”绿色制造的方式，主要是将绿色制造技术、标准等纳入国家制造业发展战略，并推动在绿色制造技术中叠加先进互联网技术，将绿色制造与智能制造等产业发展趋势、发展路径紧密融合。

1. 加快构建系统性战略规划

系统性战略规划是发达国家推动制造业绿色发展的重要举措。

在美国，早在2013年，美国能源局能效和可再生能源办公室即启动“清洁能源生产计划”，旨在提高美国清洁能源产品制造的竞争力，并提高制造业能源使用效率。美国能源局能效和可再生能源办公室下设的先进制造办公室负责辅助“清洁能源生产计划”相关项目的管理和执行，如为企业及研究机构提供共享的研究设施及其他各类资源。目前，先进制造办公室在整个美国制造业创新网络中所扮演的角色，就是通过共享资源，解决跨领域清洁能源与能效提升等共性问题。从战略规划的内容看，美国推行绿色制造既有关于分项领域、前沿技术的战略规划，也有从宏观经济环境角度对绿色发展战略的整体规划。在分项绿色制造技术方面，美国提出把“精确成形工艺”发展为“无废弃物成形加工技术”（Waste-free Process）。美国从2014年开始实施的先进制造战略，将增材制造、新材料、连续制造、数字设计与制造等推动绿色低碳发展的制造技术作为引领未来产业发展的关键，其本质就是推动制造业的智能化、绿色化发展。美国2015年10月发布的创新战略，聚焦“推动清洁能源技术发展并提高能源利用效率”，合力推动经济的绿色可持续发展。

在日本，政府致力于通过企业、人、数据、机械相互连接，产生新的价值，创造新的产品和服务，构建新型数字社会。2012年，日本发布的《绿色增长战略》细化了蓄电池、环保汽车、海上风能发电等核心内容，目的是广泛培育包括零部件、材料在内的环保产业。2017年，日本经产省出台“互联工业”战略，将生物技术及材料列为重点领域之一，以解决人手不足、社会环境能源制约等紧迫性很强的社会问题。

在欧盟，推动绿色制造的系统性战略规划发挥了积极引领作用。2015

年 12 月，欧盟发布《欧盟循环经济行动计划》，推动先进适用技术在产品设计、生产、消费、回收、研发、投资等各环节的绿色循环改造。同时，欧盟还推动 EU 环保标签的使用，以识别那些对环境有不利影响的产品。2019 年 11 月，欧盟发布《增强欧盟未来工业关键战略价值链》报告，将低排放产业确定为六个战略价值链之一。该报告指出，在达成减排目标的同时，推动传统工业部门转向低碳发展模式，对能够显著减少温室气体排放可能的技术解决方案进行资助；制定低排放技术应用全生命周期评估方法；大力发展循环经济，持续提高原材料回收利用效率；开发新型能源系统，推动能源密集型产业向气候中性过渡；规划建设低排放产业基础设施，减少项目建设审批时间。2019 年 12 月，欧盟发布了应对气候变化、推动可持续发展的“欧洲绿色协议”。该协议提出，到 2050 年，欧洲将成为全球首个“碳中和”地区，即二氧化碳净排放量降为零，并为此制定了详细的路线图和政策框架，将发展重点聚焦在清洁能源、循环经济、数字科技等方面，政策措施覆盖工业、农业、交通、能源等几乎所有经济领域，以加快欧洲经济从传统模式向可持续发展模式转型。

在德国，积极利用先进互联网技术改造提升传统制造领域的网络化、智能化、绿色化、服务化水平，是工业 4.0 战略的主要推进路线。从战略目标看，“资源效率（含环境影响）”被列为工业 4.0 的八大关键领域之一，即通过提升生产制造的智能化水平，实现资源利用效率的大幅提升与污染排放的显著减少。2019 年，德国发布《德国工业 2030 战略》，将绿色科技等十个工业领域列为“关键工业部门”，为相关企业提供更廉价的能源和更有竞争力的税收制度，将垄断法执行标准放宽，允许形成“冠军”企业，并采取个性化的优惠与扶持政策支持中小企业发展。

2. 强化绿色化发展的成效目标

绿色制造推行的重要前提是提出绿色制造的目标和评价体系，并作为严格执行的制度标杆。在这方面，发达国家经验丰富、成效显著。

在美国，为实现资源与能源的高效利用，2012 年美国提出了到 2020 年原材料消耗量减少 15%、加工废屑减少 90%、能耗减少 75%的目标。同时，美国推进持续更新现有绿色制造标准，不断提高能效、水耗、排放等标准，如提出到 2030 年建筑物、工业设备和用户设备能效标准提升一倍。

在德国，机械设备制造业协会（VDMA）发起“蓝色能效”（Blue

Competence）高能效机电产品倡议，提出实现机床减重 50%以上、能耗降低 30%～40%，报废后机床 100%可回收等目标。

在英国，《制造的未来：英国的机遇和挑战新时代》中提出，实施绿色制造以提高现有产品的生态性能，重建完整的可持续工业体系，实现材料消耗节约 75%、温室气体排放减少 80%的目标。2018 年，英国发布的《英国工业 2050 战略》中指出，在全球资源匮乏、气候变化、环保管理完善、消费理念变化的背景下，要建立可持续发展的制造业，促进英国 2050 年温室气体零排放目标的达成。

3. 持续加大对绿色制造的研发投入

绿色制造是相对概念，需要不断集成应用新兴技术，持续推动生产制造向更加绿色、低碳、循环方向发展。因此，对各类绿色设计、生产、工艺、环保等技术的研发突破，成为发达国家推进绿色制造的重要手段。

在美国，研发投入是联邦政府资金支持的重点。通过各部门下设机构，在大型制造业相关项目中设立绿色制造专栏，向企业提供资助。例如，2014 年 8 月，美国能源部宣布在 31 个燃料效率研发新项目中投入超过 5500 万美元的资金。

在欧盟，2019 年发布的"欧洲绿色协议"提出可持续欧洲投资计划，规定未来在欧盟长期预算中，至少有 25%专门用于气候行动。

在德国，2019 年联邦政府通过的"德国气候保护一揽子计划"中提出，将通过气候基金在原有 1.8 亿欧元的基础上，追加超过 3 亿欧元投资绿色氢能领域，同时投入 3.6 亿欧元用于推动其他环保技术的发展。

4. 完善支撑绿色化发展的公共服务

公共服务是发达国家普遍重视的环境建设内容。在绿色制造推进过程中，欧盟尤其重视公共服务体系的建设与内容查询。一是搭建公共服务平台，中小企业可通过平台试验其商业创意，并助力形成创新产品和服务。欧盟多渠道支持关键使能技术平台的发展，并通过基础设施建设和渠道创新等，协助中小企业获得这些技术支持。二是建立一个网络工具，帮助中小企业以最便捷的途径，找到所需技术服务中心，加速创意的商业化进程。三是部署关键技术的试点生产线，为试点提供相应支持，并向欧盟反馈试点结果，在考察合格后推动产品规模化商用。四是建立在线分析工具，为政策制定者和商业从业者提供专利、贸易、生产、需求和商业表现等技术应用与部署信息。

5. 积极开展绿色制造领域人才培训

产业发展的竞争归根结底是人才的竞争，绿色制造的推进在很大程度上也取决于人才的质量和数量。美国大力提倡“绿领”的概念，出台“绿色就业与培训计划”，重点围绕能源效率和可再生能源工作岗位，每年从培训基金中拿出 1.5 亿美元，资助联邦和地方政府的就业培训计划，每年培训 3.5 万名工人进入“绿色”行业。同时，美国环境保护局（EPA）计划通过气候引领项目（Climate Leaders Program），向企业提供污染排放和有毒化学品使用方面的专家和培训。

欧美国家市场经济发达，对产业和经济的政策扶持主要通过功能性手段实现，除研发投入、公共服务、人才培训等重点领域外，政府采购、绿色壁垒等也是重要措施。例如，美国政府计划到 2025 年联邦大楼中所用能源至少 30%来自可再生能源，各机构公务用车中至少有 50%是零排放或混合动力车辆，通过政府采购支持插电式电动汽车等交通工具的发展应用。同时，美国各州规定，政府优先购买使用再生材料的产品。欧盟通过设置“绿色壁垒”提升绿色制造产业的竞争优势，以“报废电子电气设备指令（WEEE）”“关于在电子电气设备中限制使用某些有害物质指令（RoHS）”和“耗能产品指令（EuP）”三个指令迫使各国出口商满足欧盟能效等要求，并持续通过税收、贸易、公共采购等政策，推动欧盟气候行动顺利进行。

（三）我国推进“互联网+”绿色制造需求迫切

自改革开放以来，我国经济长期保持较快发展，取得了举世瞩目的发展成就。随着工业化的快速推进，我国制造业规模不断扩大，我国已成为名副其实的世界工厂和制造业大国。但是，我国在工业总体上尚未摆脱高投入、高消耗、高排放的发展方式，资源能源消耗量大，生态环境问题较为突出，改造升级需求迫切，亟待加快构建科技含量高、资源消耗低、环境污染少的绿色制造体系。

1. 能源使用效率偏低

目前，我国制造业仍处于全球产业链中低端，绿色制造技术水平低，生产方式粗放，资源、能源、环境、市场等约束不断加剧，长期依赖的人口红利、低成本优势逐渐削弱。从主要行业看，我国钢铁行业平均能效水平比国际先进水平落后 6%～7%，建材落后 10%左右，石油化工落后 10%～20%；纺织染整工业废水排放强度比发达国家高 2～3 倍；木浆造纸 COD 排放强度比发达国家高 50%。世界银行的数据显示，2019 年，我国能源消耗量约为 818 亿美元，占 GNI 比率为 0.6%，虽然低于世界平均水平，但是和发达经济体相比仍有明显差距（见表 1-1-1）。

表 1-1-1　2019 年各个国家和地区能源使用效率情况

	中国	美国	英国	日本	欧盟	世界
能源消耗量（十亿美元）	81.8	71.7	15.1	0.2	—	—
能源消耗占 GNI 比率（%）	0.6	0.3	0.5	0.0	0.1	0.9

资料来源：世界银行 World Development Indicators 数据库。

2. 资源利用水平仍需提升

我国资源消耗量较大，资源利用水平需要进一步提升。2017 年*，我国淡水取用总量高达 5918 亿立方米，占世界淡水取用总量的 15.2%；与发达国家和地区相比，我国的淡水取用量分别是美国、英国、日本、欧盟的 1.33 倍、70.45 倍、7.29 倍和 3.02 倍。2019 年，我国自然资源消耗量占 GNI 的比重达 0.7%，虽然与世界平均水平持平，但远高于欧美等发达国家和地区（见表 1-1-2）。推行绿色制造，还需进一步提升资源的综合利用率，持续降低制造业对资源的消耗水平。

表 1-1-2　各个国家和地区资源消耗情况

	中国	美国	英国	日本	欧盟	世界
年度淡水取用总量（十亿立方米）（2017 年）	591.8	444.4	8.4	81.2	195.8	3881.0
自然资源消耗占 GNI 比率（%）（2019 年）	0.7	0.3	—	0.0	0.1	0.7

资料来源：世界银行 World Development Indicators 数据库。

* 本研究由世界银行资助，我们需引用世界银行数据库中的数据，但世界银行数据库并非每年更新所有指标，本书中的世界银行数据均为交稿时的最新数据。

3. 环境污染状况有待改善

我国的环境污染状况不容乐观，改善环境污染现状是推行绿色制造面临的一大挑战。根据世界银行的统计数据，我国在 2016 年的温室气体排放总量达到 98.93 亿吨二氧化碳当量，约占世界温室气体排放总量的 30%。2017 年，我国年均 PM2.5 浓度达到了 52.7 微克/立方米，远高于美国、英国、日本、欧盟等发达国家和地区的水平。2019 年，我国二氧化碳排放损失占 GNI 比率高达 3.1%，颗粒物排放损失占 GNI 比率达到 0.4%，均高于世界平均水平，也远高于欧美等发达国家和地区的水平（见表 1-1-3）。

表 1-1-3 各个国家和地区环境污染情况

	中国	美国	英国	日本	欧盟	世界
温室气体排放总量（亿吨二氧化碳当量）（2016 年）	98.93	50.06	3.79	11.36	28.82	338.19
年均 PM2.5 浓度（微克/立方米）（2017 年）	52.7	7.4	10.5	11.7	13.5	45.5
二氧化碳排放损失占 GNI 比率（%）（2019 年）	3.1	0.9	0.5	0.9	0.8	1.6
颗粒物排放损失占 GNI 比率（%）（2019 年）	0.4	0.1	0.0	0.10	0.10	0.2

资料来源：世界银行 World Development Indicators 数据库。

4. 产业结构不平衡

近年来，我国能源及资源密集型产业发展迅速，在制造业中占比较高，钢铁、电解铝、平板玻璃、水泥、造船、建材等传统产业产能过剩问题突出，平均产能利用率不足 80%，低于世界平均水平。不少新兴产业，如多晶硅生产行业也出现了产能过剩的迹象。与此同时，绿色产业发展不足，与绿色可持续发展相关的关键装备、核心零部件和基础软件等长期依赖进口，绿色制造技术难以满足各行业绿色化转型的需求。

以汽车产业为例，在汽车产销量和保有量不断增长的同时，我国报废拆解的汽车数量规模也在不断提升。商务部发布的数据显示，2019 年我国报废汽车数量为 195 万辆；以每辆报废汽车平均重量为 2.5 吨计算，2019 年我国报废汽车重量约为 487 万吨。2020 年 1—2 月我国报废汽车重量约为 29 万吨。与制造新品相比，再制造可节能 60%，节材 70%，节约成本 50%，且几乎不产生固体废物，大气污染物排放量可以降低 80%以上。从发达国家经验看，再制造零部件在售后维修市场占据重要地位，欧美等国家和地区再制造产品在汽车售后市场占比均超过 70%，而我国由于相关产业、技术、政策方面的滞后，再制造产品市场还存在很大空缺。

三、我国发展"互联网+"绿色制造的意义重大

绿色制造是通过集成利用各类先进技术，实现制造业向环境影响小、资源利用高、经济效益好的绿色化方向发展。"互联网+"是基于网络信息技术，推动技术进步、效率提升和组织变革的融合应用模式。过去，我国制造业发展主要依托传统粗放型发展方式，通过高投入、高消耗、高排放以获得高产出，经济质量效益较低，环境污染问题突出，这既降低了人民群众的幸福感、获得感，也不利于生态文明建设和绿色发展，显著影响了我国制造业国际竞争力的提升。在经济发展步入新常态，资源环境约束不断增强的当下，在绿色制造领域加快集成各类先进"互联网+"技术，既是时代之需，也是绿色制造演进发展应有之义。

（一）"互联网+"绿色制造加快制造强国建设步伐

"互联网+"绿色制造涵盖了精益制造、敏捷制造、智能制造等先进制造模式，集成了各类互联网技术与传统制造的融合创新，以及绿色可持续发展的新模式、新业态，是制造业综合实力的重要体现。从全球来看，制造业的绿色化、智能化是企业转型发展的大趋势，是全球制造业竞争与合作的关键赛道。我国作为传统的制造业大国和互联网大国，在新时期要保持既往优势，实现新一轮的快速增长，需要将传统优势进行有效整合，重塑核心竞争力。"互联网+"绿色制造，就是利用新科技革命涌现出的前沿互联网技术，加快传统制造业全流程的绿色化、智能化改造，深入推进制造业结构调整，以绿色可持续的思维推动制造业完成由大到强的蜕变。

（二）"互联网+"绿色制造加快提升人民获得感

良好的生态环境是最公平的公共产品，是最普惠的民生福祉。绿色发展是"最大的政治"，事关民众健康、人民福祉、民族未来。改革开放 40 多年来，我国以高投入、高消耗、高排放的粗放式发展模式推动经济实现了飞速发展，提高了人民的物质生活水平，但同时也付出了巨大的资源与环境代价，

影响了人民生活水平的持续提高。“互联网+”绿色制造，通过互联网将绿色基因注入传统的工业园区、工厂、工业制品中，形成先进生产组织活动、先进监测管理能力，组织各方共同构建起绿色制造的硬标准、硬制度、硬环境，营造环境友好型的绿色产业体系，不断拓展环境容量、改善生产生活，提升人民群众的幸福感、获得感。

（三）“互联网+”绿色制造加快生态文明建设进程

世界气象组织（WMO）发布的《2020 年全球气候状况报告》显示，2015—2020 年是有记录以来最热的 6 年，2011—2020 年是有记录以来最热的 10 年，而 2020 年是有记录以来最热的 3 个年份之一。全球平均气温比工业化前（1850—1900 年）的水平高出约 1.2 摄氏度。2019 年和 2020 年，全球温室气体浓度继续上升，2020 年全球气候变化指标和影响进一步恶化，温室气体浓度增高、陆地和海洋温度升高、海平面上升、冰川融化及退缩等极端气候加剧，尤其是与新冠肺炎疫情相互叠加，为全球带来双重打击。应对气候变化、着力推动制造业节能减排，不仅是当前全球各国共同面临的严峻挑战，也是中国制造未来实现可持续发展、建设美丽中国的内在要求。利用好“互联网+”新技术、新模式，积极推动制造业低碳转型发展，是探索资源节约型、环境友好型绿色发展道路的关键发力点，尤其是在经济复苏需求强劲的后疫情时代，积极发展“互联网+”绿色制造将通过互联网技术的强大纽带加速人与生态环境的友好协调发展，助力实现经济建设与生态文明的双赢。

（四）“互联网+”绿色制造加快提升国际竞争力

2008 年国际金融危机后，为刺激经济振兴、创造就业机会、解决环境问题，联合国环境署提出的绿色经济发展议题被发达国家广泛采纳。在发达国家的共同推动下，绿色发展成为国际趋势，绿色制造成为竞争焦点，制造产品出口发达国家的门槛被进一步提高。我国要想加快构建以国内大循环为主体，国内国际双循环相互促进的新发展格局，就必须实现出口的产品与服务既要在量上领先，又要在质上有优势。“互联网+”绿色制造，通过推动互联网技术与制造技术深度融合，创新绿色制造技术、提升生产制造效率、降低资源投入、减少环境污染，让创新、协调、绿色、开放、共享的发展理念贯穿国内大循环、国内国际双循环始终，从而加快提升我国绿色制造的国际竞争力。

第二章

支持“互联网+”绿色制造发展的主要政策

面对全球可持续发展的战略要求，绿色化转型成为各国经济发展的必然趋势。在世界经济绿色化转型升级的进程中，如何推动制造业高效有序地实现绿色发展、促进产业发展和保护环境协同增效，是各国政府面临的现实考验。在此过程中，全球主要国家均将“互联网+”作为实现制造业绿色发展的重要手段，纷纷制定出台财税、金融、人才等相关政策，引导和推动新一代信息技术深度赋能绿色制造。

一、发达国家积极优化“互联网+”绿色制造政策环境

面向绿色转型、低碳发展的时代趋势和潮流，面对新工业革命中制造业大融合、大变革的历史机遇，全球主要国家越发重视制造业绿色可持续发展，相关国家通过出台一系列政策组合拳加紧引导产业界转变发展理念，充分利用新一代信息技术推进制造业绿色化转型升级，推动制造业发展模式全面重塑。

（一）制定“互联网+”绿色制造国家战略

当前，全球主要国家均将“互联网+”绿色制造作为推动产业优化升级、增强产业竞争能力的重要领域，纷纷制定出台国家战略，明确“互联网+”绿色制造总体布局。

美国将绿色制造作为提升美国制造业竞争力的重点方向，在振兴制造业系列战略中对绿色制造进行部署。2011 年，美国出台“先进制造业伙伴计划”，提出一系列发展先进制造业的关键措施，提高制造过程的能效水平被列为关键措施之一。在 2014 年发布的《提速美国先进制造业》（又称“先进制造伙

伴计划 2.0”）中，美国将“可持续制造”列为 11 项振兴制造业的关键技术之一，强调在增材制造、生物工程、数字化制造和设计、智能制造等国家创新网络重点领域的研究过程中，突出可持续化发展技术研究，促进产品生产过程中降低能源消耗、减少温室气体排放、减少不可再生或有毒物质的使用，提升生产制造的环境友好性。

欧盟是推进绿色经济的积极倡导者，近年来欧盟及其成员国制定了一系列政策推动制造业利用信息技术等手段实现绿色化转型。在欧盟层面，2016 年 4 月，欧盟推出“数字化欧洲工业”计划，重点强化物联网、大数据、人工智能等技术对欧洲工业的影响，加快欧洲工业数字化进程；2020 年 3 月，欧盟委员会发布《欧洲新工业战略》，提出通过构建更加数字化的单一市场、建立更加完善的循环经济等行动，推动欧洲工业向气候中立及数字化转型。在成员国层面，德国“工业 4.0”战略强调利用信息技术和制造技术的融合，改变工业生产和服务模式，促进生产和交付更加灵活、能源利用效率有效提升。法国 2013 年推出《新工业法国》，聚焦能源、数字革命、经济生活三大问题，提出环保汽车、无人驾驶汽车、智能创新纺织技术、未来工厂等 34 项具体计划；2015 年又推出《新工业法国 II》，在大数据经济、环保汽车、物联网等九大方面进行部署，推动实现工业生产向数字制造、绿色制造转型。

英国对制造业的绿色发展也给予高度关注，在多项工业相关的战略中对“互联网+”绿色制造进行了部署。2013 年，英国发布《制造业的未来：英国面临的机遇和挑战》，提出可持续性发展和环境保护方面的要求对制造业影响深远，需要政府加强环境监管，提高企业能源效率、材料回收和废物处理标准。2017 年 1 月，英国政府发布《现代工业战略》绿皮书，提出加大对科研与创新的投资、提高能源供应效率及绿色化发展、培育世界领先产业等十项重点任务，其中科研与创新投资支持的重点领域包括电池技术、储能技术及网络技术，培育世界领先产业的重点包括超低排放车辆、工业数字化等。

日本高度重视制造业数字化、绿色化发展，先后制定多项国家战略部署制造业发展方向。2012 年，日本发布《绿色发展战略总体规划》，提出将新型装备制造、机械加工等作为发展重点，计划通过 5 ~ 10 年的努力，将节能环保汽车、大型蓄电池、海洋风力发电发展为落实绿色发展战略的三大支柱性产业。2017 年，日本发布“互联工业”计划，将智能生产作为关键领域之一，通过广泛应用数字化技术将设备、人、部门、企业等连接起来，提升工业数字化水平。

韩国在“互联网+”绿色制造领域也进行了一系列的战略部署。2014 年 6 月，韩国提出“制造业革新 3.0”战略，随后又于 2015 年 3 月公布“制造业革新 3.0 战略实施方案”，引导信息技术与制造业深度融合，发展融合型新兴产业，提高制造过程的智能化水平，助力提升制造业节能降耗能力。2019 年，韩国发布《制造业复兴发展战略蓝图》，通过制定中长期发展规划推动韩国制造业复兴，该蓝图把智能化、环保化和融合化创新产业结构作为四大战略之一，提出通过加快智能工厂建设推动制造业智能化水平提升，通过生产电动汽车和氢能汽车等环保产品使韩国成为环保领域领先国家等重要举措。

（二）强化“互联网+”绿色制造财政投入

为支持“互联网+”绿色制造的发展，美国、欧盟、英国、日本、韩国等相关国家和地区纷纷加大对绿色制造、智能制造等领域的财政支持，通过财政资金的大力投入支撑制造业研发、生产、销售、回收等产业链各环节绿色化转型升级，推动绿色制造全面深入发展。

美国综合运用多种财政政策工具支持“互联网+”绿色制造的发展。一是有效利用财政补贴，促进关键技术的研发创新及生产过程的绿色化改造。例如，2016 年，美国能源部能源效率和可再生能源办公室宣布投资 3500 万美元，用于资助可以节能并提高功效的先进材料及设备系统、超越现有水平的新一代加工技术和先进流程、材料及制造的模型和分析工具，资助项目预计为 24～40 个，时限为 36 个月，单个项目的资助金额为 25 万～250 万美元。二是通过公私合作方式，加强“互联网+”绿色制造领域核心技术攻关。2017 年 9 月，美国能源部宣布投入 1970 万美元帮助企业将有前景的能源技术从美国能源部国家实验室推向市场，该资助项目涉及 30 余个私营部门合作伙伴，受资助的项目将至少获得与联邦资助资金等量的非联邦资金。三是推行政府绿色采购政策，从需求侧引领带动制造业绿色化转型。美国早在 1991 年就以总统令的形式规定了政府采购绿色产品清单，接着先后制定实施了采购再生产产品计划、能源之星计划、生态农产品法案、环境友好产品采购计划等一系列绿色采购计划。2009 年，奥巴马政府推出的《美国复兴与再投资计划》提出用 3 亿美元支持各州县采购节能与新能源汽车。同年，美国众议院通过《美国清洁能源与安全法案》，规定政府必须购买国产高能效产品和绿色产品。

欧盟对“互联网+”绿色制造同样提供了相当力度的财政支持。一是针对绿色制造技术研发及应用给予财政补贴。2008 年，欧盟推出生态创新（Eco-Innovation）计划，资助有助于环境保护的创新产品、服务及流程的研发项目，2008—2013 年投入近 2 亿欧元用于资助生态创新计划项目。二是以公私合作方式为技术创新提供资金支持。2009 年，欧盟委员会提出在 2013 年之前通过公私合作方式投资 32 亿欧元，用于创新型制造技术、新型低能耗建筑材料、环保汽车及智能化交通系统的科技研发，全部投资中一半来自欧盟预算，另一半来自相关私营企业。三是通过政府绿色采购引导制造业绿色化转型。欧盟于 2004 年发布了《政府绿色采购手册》，从政府绿色采购遵守的主要原则、合同需求包含的主要内容等五个方面对绿色采购进行了详尽说明，引导成员国实施政府绿色采购行动。

英国在支持“互联网+”绿色制造方面的财政政策主要包括以下方面：一是提供财政补贴，支持绿色制造技术的研发攻关。2009 年，英国技术战略委员会与英国交通部共同提出 10 个创新研究项目，支持开发用于纯电动和混合动力汽车的先进高效电气系统，资助金额为 1000 万英镑。二是设立政府投资基金，撬动社会资本共同支持“互联网+”绿色制造技术的研发和应用。为加大对科研与创新的投资，英国政府在《现代工业战略》绿皮书中提出，通过发起“工业挑战基金”，刺激本土创业者的潜力、推动创新发展，基金的重点支持领域为电池技术、储能基础及网络技术。三是推行政府绿色采购，倒逼制造业绿色发展。英国 2003 年开始实行绿色公共采购，通过明确投标者资格、决标准则等要求帮助采购人员实施绿色采购，引领供给侧实现绿色化转型。

日本针对“互联网+”绿色制造出台财政补贴、政府采购等政策予以支持。一是对技术研发提供财政补贴支持。日本政府 2008 年实施“环境与能源革新技术开发计划”，投资 300 亿美元推进插电式混合动力车及燃料电池车、可再生能源、高效火力发电及核电、利用碳纤维复合材料制成用于汽车的轻量材料，以及在钢铁及化学生产工序中进行技术革新等五大绿色技术研发。二是对引进节能设备、进行节能技术改造和升级的企业给予一定的财政补贴。2009 年，日本恢复太阳能产业补贴政策，给予太阳能发电安装成本 50%的补贴，并提出低息贷款等优惠政策。三是通过政府绿色采购、消费补贴等方式，从需求侧激励制造业绿色化发展。日本于 2000 年颁布了《绿色采购法》，规定日本政府机关必须率先采购环境负荷小的产品，必须拟定年度绿色采购计划，鼓励地方政府及民间团体参与绿色采购活动等。自 2009 年 4 月起，日本政府向新购的环境友好型车辆提供补贴（如每辆车补贴 10 万日元或 1100 美元），鼓励环境友好型车辆的生产消费。

韩国在“互联网+”绿色制造领域提供的财政支持主要包括：一是为绿色低碳技术及产品的研发提供资金支持。韩国在《制造业复兴发展战略蓝图》中提出，计划从 2020 年到 2025 年投入 3850 亿韩元的研发资金支持电动汽车和氢能汽车的研发，2021—2030 年为液化天然气船舶注入 6000 亿韩元的研发资金。二是设立政府引导基金，引导社会资本参与“互联网+”绿色制造。在《制造业革新 3.0 战略》中，提出政府投入 2 万亿韩元设立政府引导基金，为新型企业和中小企业提供资金支持，撬动社会资本共同支持智能工厂及融合型新兴产业等领域的发展。

（三）完善“互联网+”绿色制造税收政策

为促进“互联网+”绿色制造发展，各国充分发挥税收的调节作用，一方面针对绿色制造制定税收优惠政策，支持绿色制造技术研发、促进绿色产品消费；另一方面通过征收碳税、能源税等方式，引导企业减少高污染、高排放、高耗能生产。

美国的税收政策体系为“互联网+”绿色制造的发展创造了良好的税收环境。一是对于企业研发支出给予税收抵免优惠，促进企业加大研发投入。美国主要针对研发支出的增量进行税收抵免，抵免额的计算方式有两种：一种是常规方法，抵免额等于企业在纳税年度的有效研发投入与研发投入基准值（最近 4 年总收入的平均值乘以 1984—1988 年研发支出与总收入比率的平均值）差额部分的 20%。另一种是简化抵免，不考虑总收入，以企业前三年研发投入平均值的 50%为基准，企业在纳税年度研发的有效投入超过该基准的部分，享受 14%的税收抵免。二是针对科研设备提供税收优惠，促进企业研发创新。美国规定企业研发用的仪器设备折旧年限为 3 年，是所有设备折旧年限中最短的。三是通过税收抵免优惠，促进绿色产品的消费。美国对购买太阳能设施的个人，其购买费用的 30%可用来抵税，家庭安装太阳能热水系统可获得安装成本 30%或 2000 美元的减税。2021 年 4 月，在美国白宫发表的《美国就业计划》声明中，特别提出了 1740 亿美元的汽车电动化提振方案，其中包括 1000 亿美元的新能源车消费退税补贴。四是针对环境污染产品征税，引导企业减轻污染。美国针对环境污染产品开征的税种包括对损害臭氧的化学品征收的消费税、汽油税、固体废弃物处理税费等，多个税种共同构成了较为完善的环保税体系。

欧盟国家制定多项税收政策推动“互联网+”绿色制造的发展。一是针对技术研发给予税收优惠，促进关键技术的研发创新。多个欧盟成员国针对研发人员实行税收减免政策，如意大利对招聘研发活动中的高技术职员给予税收抵免；葡萄牙对拥有博士学位的职员提供更高的税收扣除；法国将社保免税范围扩大至从事创新活动的职员；捷克将税收扣除优惠扩大至专业开发的职员等。二是对高污染、高排放的排污工业企业进行征税或收费，促进企业不断改进生产工艺、减少污染排放。例如，德国通过差别收费政策控制工业污水排放，对污水排放不达标的工业企业征收全额排放费，对污水排放达标的工业企业征收25%的排放费。三是对能源及其产品的消费和使用实行多重征税，包括能源税、碳税、硫税等，以遏制高耗能生产，激励制造企业提高节能减排水平。例如，瑞典对能源征收增值税，对石油、煤炭和天然气等燃料征收一般能源税，对电力能源征收一般电力税，对原子能发电还有附加征税。此外，还根据石油、煤炭、天然气、液化石油气、汽油和国内航空燃料的平均含碳量而差别征收二氧化碳税，根据石油、煤炭等的平均含硫量而差别征收硫税。荷兰对汽油、重油、液化气、煤、天然气、石油焦炭等主要燃料征收燃料税，对向地表水及水净化厂直接或间接排放废弃物、污染物和有毒物质的任何个人征收水污染税，此外还征收汽车特别税、石油产品的消费税等。法国从2008年起针对汽车排放量实施奖惩制度，对每千米二氧化碳排放量不足100克的汽车给予5000欧元的奖金，对每千米二氧化碳排放量超过160克的汽车征收最高2600欧元的尾气排放超标税。自2010年起，法国政府开始根据里程向重型卡车征收环保税。

英国针对“互联网+”绿色制造的税收政策主要包括研发活动税收优惠、气候税等。一是对研发费用给予税前加计扣除优惠，引导企业加大研发投入。英国规定，中小企业（雇员少于500人，同时营业收入不超过1亿欧元或资产少于8600万欧元的企业）研发活动中发生的合格研发支出可在应纳税所得额中加计扣除，加计扣除比例为130%。在企业应纳税所得额不足以抵扣的情况下，企业可申请税收返还，税收返还金额为抵扣后的损失金额和合格研发支出的230%二者中较小者的14.5%。二是通过“专利盒”机制，激励企业强化技术创新。英国政府于2013年设立“专利盒”制度，允许企业对符合条件的专利利润，按照10%的优惠税率（目前企业所得税正常税率为19%）

缴纳企业所得税，无论该利润来源于版税还是包含在产品销售价格中。三是通过绿色产品消费税减免，激励绿色产品的生产和消费。英国通过提供公司汽车优惠税和根据二氧化碳排放量减免汽车消费税的方式激励人们使用更加清洁的能源。四是通过征收气候税，引导企业节能减碳。英国 2001 年开始征收气候税，用能单位（不含居民）每消耗 1 千瓦时电，即须上缴 15 便士的气候税。相应的减征制度为：企业自愿与财政部签订协议核定每年的减排污染物目标，如期完成任务的，可减免 80%的气候税。

日本通过多种税收优惠及征收燃油税等税收政策促进"互联网+"绿色制造发展。一是针对科研设备提供税收优惠，促进技术研发创新。日本对中小企业购入或租赁的可提高技术能力的机器设备，给予相当于购置价 30%的首次特别折扣。二是征收碳税，激励企业节能降碳。2007 年，日本开征碳税，针对二氧化碳排放，按照 2400 日元/吨的税率征税。2011 年，日本对碳税征收方式和税率进行改革，改按化石燃料的二氧化碳排放量征收，税率为 289 日元/吨二氧化碳。2012 年 10 月 1 日，日本正式开始对石油、煤炭和液化气等能源征税，碳税改名为全球气候变暖对策税。三是对绿色产品消费给予税收优惠，引导加大相关产品消费。2009 年 4 月，日本实施"绿色税制"，将纯电动汽车、混合动力车、清洁柴油车、天然气车及获得认定的低排放且燃油消耗量低的车辆定义为"下一代汽车"，购买这类车可免征进口关税，同时免收 3 年石油税、燃料税、消费税等税费。

韩国支持"互联网+"绿色制造的税收政策，主要包括如下方面：一是通过技术转让税收优惠、科研设备加速折旧等政策，鼓励企业积极开展技术创新。对于韩国中小企业和特定中型企业向韩国国民转让专利获得的收入，减半征收企业所得税；若中小企业和中型企业首次申请此类注册，企业从专利租赁中获得的收入享受 25%的税收抵免。韩国政府规定，企业购置用于技术研发的实验设备可在第一年按照购置价的 50%计提折旧，或者可按投资额的 5%享受税金扣除。二是征收个别消费税，调节能源及高耗能产品的消费。韩国对发动机排量超过 2000 立方厘米的汽车按照 10%的税率征收个别消费税，对发动机排量为 2000 立方厘米及以下的汽车和发动机排量超过 125 立方厘米的两轮摩托车征收 5%的个别消费税。煤油、重油、丙烷、丁烷气体、天然气均是个别消费税的征税对象。三是征收交通能源环境税，促进减少能源消耗。交通能源环境税对生产、进口汽油、柴油或类似的替代汽油和柴油实行从量定额征税，汽油及类似的替代汽油税率为 475 韩元/升，柴油及类似的替代柴油税率为 340 韩元/升。

（四）加大"互联网+"绿色制造金融支持

面对绿色制造的巨大资金需求，各国积极推出绿色金融发展相关政策，推动绿色信贷、绿色债券、绿色基金、绿色保险等迅速发展，扩大绿色制造领域资金供给，助力绿色制造发展壮大。

美国充分利用信贷、债券、基金、保险、碳交易等各类工具，加大"互联网+"绿色制造资金供给。一是绿色信贷方面，美国通过制定银行贷款的环境评估政策，促使银行向环境友好型企业贷款，同时部分州政府成立绿色银行，为绿色项目提供信贷支持。美国政府对银行制定了严格的环境评估政策，各类贷款项目首先需要进行环境影响评估，根据评估结果做出决策。2011 年，美国成立首家绿色银行——康涅狄格州绿色银行，为绿色产业发展提供贷款。二是绿色债券方面，通过减免债券收益所得税增加绿色债券吸引力，提升绿色项目发行债券融资的能力。2013 年，美国马萨诸塞州成为第一个自主发行免税绿色债券的州政府，债券发行所得资金直接用于环保基础设施建设，清洁可再生能源债券和合格节能债券计划则给予债券持有人税收减免或对发行人支付利息进行补贴。三是发展绿色基金，并通过股东对话等方式促使企业承担环境保护责任。1982 年，美国出现第一支绿色投资基金，随后陆续出现了多支绿色基金，如绿色权益基金、Parnassus Fund 等，带动了更多的社会责任投资（SRI）将生态环境作为重要考核指标，并通过召开股东大会的方式来讨论环境对投资决策的影响。四是推行绿色保险，推动环境污染成本内部化，促使企业减少污染排放。从 20 世纪 60 年代起，美国就针对有毒物质和废弃物处理可能引发的损害责任推出强制责任保险。1976 年，美国政府颁发《资源保全与恢复法》，授权国家环保局在其依法发布的行政命令中，要求业主就日后对第三人的损害赔偿责任和关闭估算费用等进行投保。五是建立健全碳排放交易体系，推动企业控制温室气体排放。美国芝加哥气候交易所（CCX）是全球第一个自愿性参与温室气体减排量交易，并对减排量拥有法律约束力的组织和市场交易平台，芝加哥气候交易所开发了一套基于互联网的电子交易平台，供其会员买卖温室气体排放权使用。

欧盟通过绿色信贷、绿色债券、绿色保险、碳交易等推动"互联网+"绿色制造发展。一是成立专门的银行促进包括绿色制造在内的绿色项目投资。早在 1974 年，西德就成立了世界上第一家环境银行；1980 年，荷兰成立 Triodos 银行，系统性地为可持续发展提供贷款和投资；1991 年，波兰也成立了环保银行，重点支持促进环保的投资项目；1998 年，立陶宛开始实施“NEFCO-APINI 授信额度”，至今已成功促进了清洁生产项目的融资。二是为绿色债券提供担保，降低绿色债券投资风险及企业融资成本。2007 年 6 月，欧洲投资银行发行了全球第一支绿色债券，通过担保方式创新提高信用级别，募集资金 6 亿欧元，用于接受银行贷款的可再生能源和能效项目。三是发展绿色保险，强化企业保护环境的责任。例如，德国《环境责任法》规定，特定设施的所有人必须采取一定的预先保障措施履行预防义务，包括与保险公司签订损害赔偿责任保险合同，或由州、联邦政府、金融机构提供财务保证或担保。若违反该规定，主管机关可以全部或部分禁止该设施的运行，设施所有人还可能被处以有期徒刑或罚金。四是建立碳排放交易体系，促进企业减少碳排放。欧盟排放权交易体系（EU-ETS）采用的是总量控制与配额交易模式，该模式由管理当局设定参与企业在一定时期的碳排放配额，并在期初以无偿分配或有偿拍卖的方式进行配置，减排得力的企业可以减少排放并出售多余配额，而排放过多的企业则需购买配额以维持生产。到期末，企业需将配额和实际排放额与管理当局进行核对，超标企业或面临罚款。

英国推动信贷、债券、投资、保险等金融工具协同发力，共同支撑“互联网+”绿色制造健康发展。一是信贷方面，对于银行向污染项目发放的信贷加强监管，对绿色项目的信贷提供利息优惠，推动信贷向绿色制造领域倾斜。英国具备完善的环境保护法律，根据法律规定，污染企业可能面临巨额罚单，贷款给污染项目的商业银行也会面临监管部门的罚单，从而推动英国银行在审核信贷风险时给予环保更多的权重。英国政府规定为节能设备投资和技术开发项目给予贴息贷款或免息、低息贷款，以降低绿色制造等绿色项目的信贷成本。二是通过担保等方式，支持绿色制造等项目以发行债券的方式融资。2014 年，英国政府的基础设施基金为绿色生物发电项目发行 4850 万英镑的债券提供担保，以降低发行人的利息成本，增加债券吸引力。三是成立专门机构，强化绿色制造项目的投资支持。2012 年，英国成立绿色投资银行，成为全球第一家绿色投资银行，专门致力于海上风电、能效产业、废物处理、生物能源、可再生能源等绿色经济领域的投资。四是发展绿色保险，促进企业承担环境污染相关责任。英国保险业协会组织全国保险公司推出类似环境责任保险的保险产品，一旦污染发生，赔付内容不仅包括清理污染成本，还包括罚金、不动产价值损失、全部相关法律费用和医疗费用等。

日本综合运用多种金融手段强化"互联网+"绿色制造金融支持。一是信贷方面，通过环境评级信息共享、贴息贷款等方式，增强银行机构支持绿色制造的动力和能力。2007 年，日本政策银行在环境省的大力支持下推出了环境评级贴息贷款业务，以促进企业环保投资；此外，日本政策银行还与商业银行共享其关于企业环境评级的报告，并协助商业银行规避相关风险，从而调动商业银行支持环境友好企业发展的积极性。二是发布绿色债券指引，规范绿色债券的发行，为绿色项目提供更好的融资支持。2017 年 3 月，日本环境省发布了绿色债券指引，为绿色债券的规范发行提供了指南。三是积极发展基金，增加向绿色制造企业的投资，促进其发展。1999 年，日本出现了首支绿色投资基金(Nikko Eco-Fund),后续又陆续新增了 8 支绿色投资基金，如全球环境基金、环境保护基金等，这些基金的共同投资特点是将环境保护指标作为重要投资决策依据。四是推行绿色保险，促进企业提升环境管理水平。日本实行以自愿责任保险为主、强制责任保险为辅的绿色保险制度，企业根据自身经营中发生环境污染事故风险的高低，自行决定是否参保。企业想投保绿色保险的，保险公司将首先调查企业的环境管理水平，只有企业自身的环境管理水平达到一定标准才能参保。五是完善碳排放交易体系，推动企业降低碳排放。日本东京都总量控制与交易体系是强制性碳排放交易市场，遵循"强制加入、强制减排"原则；而日本的经济团体联合会温室气体自发减排行动计划（Keidanren VAP）和日本资源排放交易体系（J-VETS）则是自愿性碳交易体系，秉持"自愿加入、自愿减排"的原则。

（五）加强"互联网+"绿色制造人才培养

人才是第一资源，"互联网+"绿色制造的深入推进需要与其发展需求相匹配的人才队伍予以支撑。由于"互联网+"绿色制造极大地改变了传统制造业的生产理念、生产模式及工艺流程，当前劳动者的知识技能和工作习惯难以适配"互联网+"绿色制造发展要求，人才培养成为推动"互联网+"绿色制造的关键一环。各国均高度关注人才培养工作，各自制定出台人才政策，着力壮大"互联网+"绿色制造人才队伍。

美国制定了一系列政策强化数字化人才、制造业人才的培养，夯实"互联网+"绿色制造人才基础。一方面，美国高度重视数字化人才的培育。2010 年，美国联邦通信委员会向美国国会提交国家宽带计划，将国家数字素养工程纳入计划之中，通过为 550 万户美国家庭提供免费宽带接入服务、提高图书馆和社区中心支持数字培养的能力等，提升公民数字素养。在美国国际教育技术协会2016年发布的《美国国家教育技术标准》中，“数字公民”作为一项专项标准被同时列入教师版和学生版的系列标准中。另一方面，美国将人才培养作为提升制造业领导力的重要举措。在美国2018年发布的《先进制造业美国领导力战略》中，“教育、培训和集聚制造业劳动力”被列为三大目标之一，并提出了多项措施强化制造业人才培养，包括强化先进制造业工作所需的科学、技术、工程和数学（STEM）教育，开展制造工程教育，加强工业界和学术界的合作关系，完善职业和技术教育体系、强化制造业学徒计划，完善学徒和资格认证计划登记制度等。

欧盟及其成员国均高度重视人才培养，各自制定相关政策加快培育“互联网+”绿色制造人才。欧盟在《欧洲新工业战略》中提出一项“员工技能优化与再培训”行动计划，倡议各成员国、各行业、社会合作伙伴和其他利益相关者通过一项新的“技能公约”来采取集体行动，从而促进劳动力的素质提升和再就业。2020年9月，欧盟发布《数字教育行动计划（2021—2027年）》，该计划的战略重点之一是“提高数字技能和能力以实现数字化转型”，提出通过更新数字能力框架、创新欧洲数字技能证书、采取措施激励高级数字技能发展等行动，提升公民数字素养、培养更多具备高级数字技能的专业人才，从而支撑产业的数字化转型。成员国层面，相关国家也制定出台了人才培养政策。例如，德国建立了“双元制”专业人才培养机制，在“双元制”机制下，职业学校（应用型大学）与企业通过理论和实践的紧密结合，共同培养适合“工业4.0”需求场景的应用型职业人才。

日本推出一系列政策举措推动人力资源的数字化转型，保障“互联网+”绿色制造人才供给。2018年，日本经济产业省开始实施“产学研合作数字制造核心人力资源开发项目”，该项目的任务之一是“工厂科学家培训课程”，面向20～30岁且在企业工作3～9年的员工开展培训，以提升员工的数字能力。2019年，日本政府制定《AI战略2019》，提出培养AI人才的多项措施，包括：通过开发和部署大学标准课程、增加高中AI基础实践培训课程等提升公民数字素养，通过AI与其他专业的交叉学科培养、产学合作等提升AI应用技能，以及通过扩大年轻研究人员自由学习和海外挑战的机会等培养AI专家。

韩国提出了多项人才培养举措，为加强“互联网+”绿色制造人才提供了政策保障。在《制造业复兴发展战略蓝图》中，韩国将培养制造业专业人才作为该战略的一项重要内容，提出多项措施强化制造业人才培养：一是以产业界需求为基础，创新理工科教育方式，使教育和现实需求有效对接；二是根据中长期产业前景和需求，制定跨部门的“产业人才培养路线图”；三是开放教育培训，提供职业教育、在职培训等机会。

二、我国加速构建“互联网+”绿色制造政策体系

党的十八大以来，以习近平同志为核心的党中央大力推进生态文明建设，推动形成绿色发展方式和生活方式。制造业是国民经济的重要领域，加快制造业绿色化转型是推进生态文明建设的重要内容，是满足人民美好生活需要的必然选择。为此，我国高度重视制造业绿色发展，制定出台了一系列政策，引导制造业充分借助“互联网+”手段实现高端化、绿色化、智能化升级。

（一）“互联网+”绿色制造顶层设计渐趋完善

面对世界新一轮科技革命和产业变革同我国转变发展方式的历史性交汇，党中央、国务院立足全局、面向未来，做出了推动互联网、大数据、人工智能和实体经济深度融合的重大决策部署。习近平总书记多次强调，“要推动互联网、大数据、人工智能和实体经济深度融合”“新时代抓发展，必须更加突出发展理念，坚定不移贯彻创新、协调、绿色、开放、共享的新发展理念，推动高质量发展。”党的十八届五中全会提出了“创新、协调、绿色、开放、共享”五大发展理念。党的十九大报告提出“加快建设制造强国，加快发展先进制造业”。

在“互联网+”领域，为引领实体经济各领域与互联网技术融合创新发展，2015 年 7 月，按照中央经济工作会议部署，国务院印发《关于积极推进“互联网+”行动的指导意见》（国发〔2015〕40 号）。随着“互联网+”行动的深入实施，我国创新体系加速重塑，创新活力不断激发，新兴业态加快培育，数字经济不断壮大，互联网广泛融入各行各业，各融合领域呈现蓬勃发展的良好局面。为了进一步发挥互联网对制造业的赋能作用，2016 年 5 月，国务院印发《关于深化制造业与互联网融合发展的指导意见》（国发〔2016〕28 号），强调“牢固树立和贯彻落实创新、协调、绿色、开放、共享的发展理念，以激发制造企业创新活力、发展潜力和转型动力为主线”。2017 年 10

月，国务院印发《关于深化“互联网+先进制造业”发展工业互联网的指导意见》（国发〔2017〕50号），提出“围绕推动互联网和实体经济深度融合，聚焦发展智能、绿色的先进制造业”，规范和指导我国工业互联网发展。2019年11月，工业和信息化部开始推进“5G+工业互联网”512工程，从提升网络关键技术产业能力、创新应用能力、资源供给能力等方面着手，推动5G与工业互联网融合叠加、互促共进。随着各项政策的不断加持，“互联网+”对制造业发展质量变革、效率变革、动力变革的作用日益突出，为制造业的绿色可持续发展注入了强劲的活力。

在绿色制造领域，工业和信息化部积极推动绿色制造体系发展，出台《工业绿色发展规划（2016—2020年）》《绿色制造工程实施指南（2016—2020年）》《关于开展绿色制造体系建设的通知》等一系列文件，并联合国家标准委共同组织制定了《绿色制造标准体系建设指南》。这一系列文件对绿色制造体系建设提出了新要求，明确了绿色制造的四项重点任务，包括要以企业为主体，以标准为引领，以绿色产品、绿色工厂、绿色工业园区、绿色供应链为重点，以绿色制造服务平台为支撑，推行绿色管理和认证，加强示范引导，全面推进绿色制造体系建设。与此同时，为了加快绿色制造体系建设，引领工业高质量发展，工业和信息化部自2016年起持续组织开展绿色制造名单推荐工作。绿色制造名单需经申报单位自评价、第三方机构评价、省级工业和信息化主管部门评估确认及专家论证、公示等程序后确定。在2020年11月公示的第五批绿色制造名单中，包括绿色工厂719家、绿色设计产品1073种、绿色工业园区53家、绿色供应链管理企业99家。

（二）“互联网+”绿色制造财政支持不断强化

我国通过专项资金、政府投资基金、政府采购等多种财政支持手段，推动“互联网+”绿色制造关键技术加快研发，促进制造业生产过程加速数字化、绿色化改造，支撑我国制造业加快绿色化转型升级。

1. 设立多个财政专项资金，支持“互联网+”绿色制造发展

一是设立制造业高质量发展专项资金（原“工业转型升级资金”），支持智能制造、绿色制造创新发展。2015年开始实施的“工业转型升级资金”的重点支持方向包括绿色制造、工业互联网创新发展及智能制造等。例如，工业和信息化部与财政部发布的《2018年工业转型升级资金工作指南》中指出

了三大发展方向，即"围绕绿色设计平台建设、绿色关键工艺突破、绿色供应链系统构建三个方向，推进绿色制造系统集成工作"，同时也提出了五大重点发展模式，即"重点在离散型智能制造、流程型智能制造、网络协同制造、大规模个性化定制、远程运维服务五个方面开展智能制造新模式推广应用"。2019 年，"工业转型升级资金"更名为"制造业高质量发展专项资金"，绿色制造、智能制造、工业互联网依然是重点支持领域，对于为制造业提供绿色设计、绿色工厂方案、绿色认证服务等的科技型企业或服务型企业，为工业企业提供网络建设或改造的科技型企业，以及为工业企业提供数字化车间集成和智能工厂集成的科技企业，按照合同交易完成额的 20%给予资金支持。

二是通过清洁生产专项资金，对清洁生产技术示范项目给予补助和事后奖励。2009 年，财政部与工业和信息化部印发《中央财政清洁生产专项资金管理暂行办法》(财建〔2009〕707 号)，以规范中央财政清洁生产专项资金的管理，提高资金使用效益，加快清洁生产技术应用推广，提升企业清洁生产水平。上海、江西、山东等地方政府也积极设立省级、市级工业清洁生产专项资金，大力推动工业领域的清洁生产。例如，上海市对通过采用改进生产流程、调整生产布局、改善管理、加强监测等措施在生产过程中控制污染物产生等项目，给予一定财政奖励。与清洁生产相关的实际投资额低于 100 万元的，奖励 10 万元；与清洁生产相关的实际投资额高于 100 万元的，按照实际完成投资额的 20%予以奖励，最高不超过 300 万元。2020 年，上海市清洁生产专项扶持资金共支持了 153 家企业，投入资金 7667.25 万元。

三是通过节能减排补助资金，促进节能减排技术示范推广和改造升级。2015 年 5 月，财政部印发《节能减排补助资金管理暂行办法》，指出节能减排补助资金主要通过补助、以奖代补、贴息和据实结算等方式支持重点领域、重点行业、重点地区节能减排，以及重点关键环节节能减排技术示范推广和改造升级等。财政部的公开数据显示，2016 年，节能减排补助资金累计安排 18.99 亿元，补助各地方开展清洁生产和循环经济。2017 年，节能减排补助资金补助地方开展循环经济的资金规模进一步增加至 19.83 亿元，对绿色制造的支持力度进一步加大。2021 年，节能减排补助资金预算达到 97.74 亿元，补助领域包括高效电机推广、节能与新能源公交车运营、新能源汽车购置。

2. 财政出资成立绿色基金，扩大“互联网+”绿色制造投资

一是设立先进制造产业投资基金，推动“互联网+”绿色制造加快发展。2016年6月，经国务院批准，由国家发展改革委、财政部、工业和信息化部牵头发起，联合国家开发投资公司、工银瑞信投资管理有限公司等其他投资主体共同出资，设立先进制造产业投资基金。先进制造产业投资基金首期规模200亿元，其中中央财政出资60亿元，采用有限合伙制、按照市场化原则独立运作，资金主要投向工业机器人、新能源汽车、新材料等先进制造业重点领域。2019年，先进制造产业投资基金二期成立，募集规模达500亿元，继续投资先进制造业，持续推动制造业高端化、绿色化、智能化发展。

二是成立国家制造业转型升级基金，促进智能制造、绿色制造等领域的发展。2019年11月，财政部联合国开金融、中国烟草、中国中车等共同发起设立国家制造业转型升级基金。该基金总规模为1472亿元，其中财政部出资225亿元。该基金重点投向新材料、新一代信息技术、电力装备等领域的成长期、成熟期企业。

三是成立国家绿色发展基金，强化对绿色发展项目的投资支持。2020年7月，由中央财政和长江经济带沿线的11个省市地方财政共同出资，同时也吸引社会资本参与，成立“国家绿色发展基金股份有限公司”，以公司制形式进行市场化运作。国家绿色发展基金首期规模885亿元，该基金在首期存续期间主要投向长江经济带沿线省市，重点引导社会资本投向大气、水、土壤、固体废物污染治理等生态环境领域，推动传统产业智能化、清洁化改造，加快节能环保、生态修复等绿色产业发展。

3. 完善政府绿色采购机制，引领带动“互联网+”绿色制造

我国在《中华人民共和国政府采购法》中明确指出，“政府采购应当有助于实现国家的经济和社会发展政策目标，包括保护环境，扶持不发达地区和少数民族地区，促进中小企业发展等”。

2019年2月，财政部、国家发展改革委、生态环境部、市场监管总局联合发布《关于调整优化节能产品、环境标志产品政府采购执行机制的通知》，规定将根据产品节能环保性能、技术水平和市场成熟程度等因素，确定实施政府优先采购和强制采购的产品类别及所依据的相关标准规范，以品目清单的形式发布并适时调整。对于已列入品目清单的产品类别，采购人可在采购

需求中提出更高的节约资源和保护环境要求，对符合条件的获证产品给予优先待遇。对于未列入品目清单的产品类别，鼓励采购人综合考虑节能、节水、环保、循环、低碳、再生、有机等因素，参考相关国家标准、行业标准或团体标准，在采购需求中提出相关绿色采购要求，促进绿色产品推广应用。

2019 年 3 月和 4 月，环境标志产品政府采购品目清单和节能产品政府采购品目清单先后发布，随后又发布了参与实施政府采购节能产品、环境标志产品认证机构名录，政府绿色采购机制持续完善。此外，中国政府采购网建立了认证结果信息发布平台的链接，方便采购人和采购代理机构查询、了解认证机构和获证产品相关情况。通过政府绿色采购机制的优化完善，政府采购实现了向环境友好/节能型产品的倾斜，从一定程度上提升了绿色制造产品的需求，进而实现从需求侧倒逼企业开展绿色制造，促进绿色制造的发展。

（三）“互联网+”绿色制造税收政策日益健全

税收对企业行为具有重要的调节作用，为促进绿色制造的开展，我国企业所得税、增值税、消费税等多个税种针对生产经营的不同环节设置了相应的税收优惠或调控政策，激励企业积极从事绿色制造。

1. 通过企业所得税优惠，引导企业推进“互联网+”绿色制造

一是对研发活动给予研发费用加计扣除、固定资产加速折旧、技术转让税收减免等优惠政策，激励企业开展“互联网+”绿色制造技术研发。第一，自 2021 年 1 月 1 日起，制造企业开展研发活动中实际发生的研发费用，未形成无形资产计入当期损益的，在按规定据实扣除的基础上，再按照实际发生额的 100%在税前加计扣除；形成无形资产的，按照无形资产成本的 200%在税前摊销。第二，企业购进的专门用于研发的仪器、设备，单位价值不超过 100 万元的，允许一次性计入当期成本费用在计算应纳税所得额时扣除；单位价值超过 100 万元的，可缩短折旧年限或采取加速折旧的方法。制造业、信息传输、软件和信息技术服务业的小型微利企业，购进的研发和生产经营共用的仪器、设备，单位价值超过 100 万元的，可缩短折旧年限或采取加速折旧的方法。第三，对企业技术转让所得给予税收减免。居民企业技术转让所得不超过 500 万元的部分，免征企业所得税；超过 500 万元的部分，减半征收企业所得税。

二是对企业环境保护、节能节水项目所得及专用设备投资，提供企业所

得税减免优惠。企业从事符合条件的环境保护、节能节水项目的所得，可以享受“三免三减半”的企业所得税优惠。即自符合条件的环境保护、节能节水项目取得第一笔生产经营收入所属纳税年度起，第一年至第三年免征企业所得税，第四年至第六年减半征收企业所得税。同时，企业购置用于环境保护、节能节水、安全生产等专用设备投资额，符合规定条件的，投资额的10%可以抵免企业当年的应纳税额。此外，企业按照法律、行政法规有关规定提取的用于环境保护、生态修复等方面的专项资金，也可以在税前扣除。

2. 通过增值税优惠政策，激励企业开展“互联网+”绿色制造

一是对企业购买的用于研发的进口设备等提供进口环节增值税减免，降低企业研发活动的成本。符合条件的企业购买《重大技术装备和产品进口关键零部件、原材料商品目录》所列商品，免征进口关税和进口环节增值税。承担民用科技重大专项项目的企业，进口项目所需国内不能生产的关键设备（含软件工具及技术）、零部件、原材料，免征进口关税和进口环节增值税。

二是对企业销售自产的资源综合利用产品提供增值税免征或即征即退政策，引导企业提升资源利用效率。综合利用共/伴生矿产资源、废渣、废水（液）、废气、再生资源及农林剩余物等资源生产的产品，符合技术标准和相关条件的，可以享受30%～50%的增值税退税优惠。

三是对资源综合利用劳务提供增值税优惠，引导企业加强污水、垃圾、工业废弃等的处理处置。对污水处理、垃圾处理、污泥处理处置及工业废气处理等劳务给予增值税即征即退优惠，退税比例高达70%。

3. 通过资源税、消费税、环境保护税及车辆购置税等，完善“互联网+”绿色制造税收体系

一是对铁矿、金矿等金属矿，石墨、硅藻土等非金属矿及海盐等征收资源税，提高自然资源使用成本，以促进企业节约利用资源、保护生态环境。

二是对成品油、摩托车、小汽车、木制一次性筷子等征收消费税，且摩托车、小汽车排气量越大，适用税率越高。例如，排气量在250毫升以下的摩托车适用消费税率为3%，排气量在250毫升以上的摩托车则适用10%的税率。通过对高消耗、高污染的产品征收消费税，提高这些产品的销售价格，从而降低市场对高污染、高消耗产品的需求，倒逼企业生产环境友好型、资源集约型绿色产品。

三是自 2018 年 1 月 1 日起对直接向环境排放应税污染物的企业事业单位和其他生产经营者征收环境保护税，强化“鼓励清洁生产、鼓励集中处理、鼓励循环利用”的政策导向，构建“多排多征、少排少征、不排不征”的正向减排激励机制，发挥税收杠杆作用，促进企业减少排污、绿色发展。

四是对新能源汽车免征车辆购置税，降低新能源汽车购置成本，引导公众购买新能源汽车。2017 年年底，财政部、税务总局、工业和信息化部与科技部联合发布《关于免征新能源汽车车辆购置税的公告》，宣布自 2018 年 1 月 1 日至 2020 年 12 月 31 日，对购置的新能源汽车免征车辆购置税。该税收优惠政策在 2020 年由财政部、税务总局、工业和信息化部发布的《关于新能源汽车免征车辆购置税有关政策的公告》中做了延续，2021 年 1 月 1 日至 2022 年 12 月 31 日，新能源汽车继续享受免征车辆购置税的税收优惠。对于免征车辆购置税的新能源汽车，将通过工业和信息化部和税务总局发布《免征车辆购置税的新能源汽车车型目录》实施管理。

（四）“互联网+”绿色制造金融投入持续加强

金融政策主要从两个方面入手支持绿色制造的发展：一方面，大力发展绿色信贷、绿色债券、绿色基金等，降低企业从事绿色制造项目的融资难度；另一方面，积极构建碳交易体系、发展绿色保险，促使企业将污染成本内生化，引导企业减少生产制造过程对生态环境的破坏。

1. 大力发展绿色信贷，强化“互联网+”绿色制造信贷支持

2012 年，银监会印发《绿色信贷指引》，要求银行业金融机构将客户对环境和社会风险的管理状况作为决定信贷资金拨付的重要依据，鼓励银行业金融机构从战略高度推进绿色信贷，加大对绿色经济、低碳经济、循环经济的支持。银保监会持续开展绿色信贷统计和考核评价，形成常态化绿色信贷统计信息披露机制，监督并督促各银行机构踊跃开展绿色信贷业务。根据银保监会 2021 年年初披露的数据，截至 2020 年年底，中国绿色信贷资产质量整体良好，不良率远低于同期各项贷款整体不良水平。绿色信贷环境效益逐步显现，按照信贷资金占绿色项目总投资的比例计算，21 家主要银行绿色信贷每年可支持节约标准煤超过 3 亿吨，减排二氧化碳当量超过 6 亿吨。

2．积极发展绿色债券，提升“互联网+”绿色制造融资效率

2015 年，国家发展改革委印发《绿色债券发行指引》，明确要求发挥企业债券融资作用，加强与相关部门在节能减排、环境保护、生态建设、应对气候变化等领域项目投融资方面的协调配合，推动发展质量和效益的提高。2021 年，中国人民银行、国家发展改革委、证监会印发《绿色债券支持项目目录（2021 年版）》，进一步完善绿色项目界定标准，优化债券发行管理模式，引导金融机构和企业通过发行绿色债券为绿色项目筹集资金。在政策的引领和推动下，我国绿色债券快速发展，发行规模不断增加，中央财经大学绿色金融国际研究院 2021 年 2 月发布的《中国绿色债券市场 2020 年度分析简报》显示，2020 年，中国境内外发行绿色债券规模达 2786.62 亿元，累计发行规模突破 1.4 万亿元。

3．加快发展绿色基金，加大“互联网+”绿色制造资金投入

2016 年，中国人民银行、财政部等七部委发布《关于构建绿色金融体系的指导意见》（银发〔2016〕228 号），提出支持设立各类绿色发展基金，包括中央财政专项支持、地方政府和社会资本支持、社会资本和国际资本设立等不同结构的绿色发展基金。在政策的引导和支持下，我国绿色基金迅速发展，绿色基金数量持续增长，对产业绿色发展的投资支持不断增强。2020 年，多个省份成立绿色基金，如广西成立总规模 50 亿元的绿色新兴产业基金，重点扶持高端制造业、电子信息等产业；辽宁成立总规模 30 亿元的低碳绿色产业投资基金，投资先进环保装备制造、智慧环保等领域优秀企业。截至 2020 年年底，全国已设立并在中国证券投资基金业协会备案的绿色基金已超过 850 支。

4．稳步推进绿色保险，增强“互联网+”绿色制造保险保障

早在 20 世纪 90 年代初，我国保险业就先后在大连、长春、沈阳、吉林等地开展了环境污染责任保险试点。进入 21 世纪，随着绿色发展的重要性日益提升，我国持续出台相关政策推动环境责任保险的发展。2007 年 11 月，《国务院关于印发国家环境保护“十一五”规划的通知》（国发〔2007〕37 号）提出，完善环境经济政策，探索建立环境责任保险和环境风险投资。同年 12 月，环保部和保监会共同发布《关于环境污染责任保险工作的指导意见》（环

发〔2007〕189号），提出加快建立环境污染责任保险制度，进一步健全我国环境污染风险管理制度，决定在部分企业和行业开展试点工作。2013年，环保部和保监会再次下发《关于开展环境污染强制责任保险试点工作的指导意见》，在涉重金属企业、石油化工等高风险行业推进环境污染责任保险试点。2016年8月，中国人民银行等七部委联合印发《关于构建绿色金融体系的指导意见》，明确要求在环境高风险行业“建立环境污染强制责任保险制度”，环境污染强制责任保险进入了实质性的推广阶段。2017年6月，保监会发布《环境污染强制责任保险管理办法（征求意见稿）》，虽然征求意见稿暂未形成最终文件，但各地已逐步开始形成规章落地，如贵州省2019年出台《环境污染责任保险风险评估指南（试行）》、山东省施行《企业环境污染责任保险管理办法》，推动环境污染强制责任保险深入实施。

5. 持续完善碳排放交易体系，强化“互联网+”绿色制造发展动力

我国碳市场的试点工作早在2011年就已经起步。2011年，我国确定在北京、天津、上海、重庆、湖北、广东、深圳七个省市开展碳交易试点工作。2013年，深圳率先启动碳交易，随后各试点省市也逐步启动运行，二氧化碳交易价格为22元/吨到32元/吨之间。试点工作取得了显著成效，截至2020年年底，试点省市碳排放市场累计成交量为4.55亿吨，累计成交额为105.5亿元。2017年12月，国家发展改革委印发《全国碳排放权交易市场建设方案（发电行业）》（发改气候规〔2017〕2191号），标志着全国碳排放交易体系正式启动。初期交易主体仅限于发电行业重点排放单位，待条件成熟后，其他高耗能、高污染、资源性行业也将逐步纳入碳交易体系。2020年年底，生态环境部印发了《2019—2020年全国碳排放权交易配额总量设定与分配实施方案（发电行业）》，正式启动全国碳排放权交易市场第一个履约周期。2021年上半年，全国碳排放权交易市场已完成交易系统、注册登记系统、数据报送系统等支撑系统的建设，2021年7月16日正式启动上线交易。

（五）“互联网+”绿色制造人才队伍加速培育

近年来，“互联网+”绿色制造成为制造业智能化、绿色化转型升级的热点，特别是随着我国碳达峰、碳中和目标的提出，相关领域发展步入快车道。人才是实现“互联网+”绿色制造的重要基础和关键要素，我国围绕“互联网+”绿色制造高校人才培养、职业教育、产教融合、人才评价、人才选拔、

人才服务布局了一系列项目、计划等，为我国“互联网+”绿色制造发展提供了稳定的智力后盾。

1. 完善高校教育，培养“互联网+”绿色制造专业化人才

一是持续加强数字化、绿色化先进制造相关学科建设。2017 年以来，教育部持续推进“新工科”建设，智能制造工程专业、新能源汽车工程专业等一批工业绿色智能升级学科被列入其中。教育部发布“新建高校学科创新引智计划”，一批智能制造、节能环保领域的基地获批立项，典型的如华东理工大学“高端化工材料绿色制造学科创新引智基地”等。

二是打造各类“互联网+”绿色制造人才教育基地，推进多主体协同开发教学课程。2020 年 7 月，教育部、工业和信息化部联合发布《现代产业学院建设指南》，明确引导行业企业深度参与教材编制和课程建设，设计课程体系、优化课程结构。2021 年，首批获批高校学科专业涵盖机器人、智能制造等制造业绿色化、数字化升级的重点方向，典型的如湖南大学机器人学院、长沙理工大学智慧电力现代产业学院等。

三是发布校企联合培养计划，支持产教合作协同育人。2014 年起，教育部面向企业征集合作项目，汇聚企业资源支持高校专业综合改革和创新创业教育。近年来，依托该项目，能源、制造、建材、化工等行业的绿色标杆企业通过与高校签订合作协议、联合开展合作育人项目等推进人才建设交流合作。例如，矿业科技集团与北京科技大学签署战略合作协议，发挥在冶金新技术、矿业安全高效开采等方向的优势，积极推进学术交流和联合攻关，帮助学生了解行业前沿方向、增强实践能力。

2. 强化职业教育，培育“互联网+”绿色制造高技能人才

一是持续更新职业教育目录，为指明职业教育方向和完善教育培训内容夯实基础。2021 年 3 月，教育部印发《职业教育专业目录（2021 年）》，以专业升级和数字化改造为关键，优化和加强节能环保、绿色低碳、清洁生产等方向，新专业包括“绿色低碳技术”“绿色生物制造技术”“煤炭清洁利用技术”“矿山智能开采技术”“环境监测技术”等。

二是提供相关资金补贴，鼓励更多职业院校和职高学生、在岗工人参与绿色制造等重点方向的职业教育。财政部拨付“职业技能提升行动专项资金”，对绿色制造等各类技能培训的参训人员提供补贴资金。山东、广东、

贵州、河北等多个省份发布了专门的培训补贴方案，“互联网+”绿色制造为重点支持方向之一。例如，广东的“实施新生代产业工人培养工程”明确提出结合“人工智能”“绿色低碳”等发展要求开展工人培训。培训补贴标准按照初级、中级、高级、技师和高级技师不同等级为1000～3000元/人不等。

三是举办职业技能大赛，助力高素质“互联网+”绿色制造人才选拔。2020年起，人社部每两年举办一次职业技能大赛，促进职业技能培训。其中，2021年4月发布的全国职业院校技能大赛拟设赛项中，工业机器人技术、机器视觉系统、虚拟现实设计与制作等“互联网+”绿色制造相关赛项均被纳入其中，通过相关赛事选拔优秀的团队并进行奖励表彰，激励人才培养。

3．完善配套政策，促进“互联网+”绿色制造人才高效配置

一是完善绿色制造人才评价体系，明确岗位能力标准。人社部紧跟绿色发展技术和行业发展变化，动态调整职业信息，智能制造技术人员、工业互联网工程技术人员、碳排放管理员等“互联网+”制造职业信息陆续发布，其中针对“碳排放管理员”岗位，人社部教育培训中心还提供相应的培训课程，培训合格的颁发证书。2020年11月，人社部发布《支持企业大力开展技能人才评价工作的通知》，支持企业开展技能人才评价。宝信软件、石化盈科等一批“互联网+”绿色制造龙头企业积极响应，将供应链管理技术、生产过程控制和优化技术等纳入岗位标准。

二是积极搭建平台，提供供需人才对接、培训资源查询、政策信息更新等综合人力资源服务。一些地方着手搭建人才对接平台“网上专场招聘”等，利用网络平台助力“互联网+”绿色制造等重点领域高校、企业等开展人才对接交流和相关岗位信息发布、个性化职位推荐等，如山东人社局的“山东-名校人才直通车”平台。重庆人社局的“蓝金领人力资源综合服务平台”则集找工作、找培训、查社保、查政策等功能于一体，为中煤科工集团重庆设计研究院有限公司、重庆创元新能源科技有限责任公司等发布“互联网+”绿色制造岗位招聘信息，以及发布“互联网+”绿色制造岗位发展趋势等。

三、我国“互联网+”绿色制造政策环境仍需进一步完善

在全球经济绿色转型的趋势之下，包括我国在内的全球主要国家纷纷制定完善“互联网+”绿色制造政策体系，引导和支撑“互联网+”绿色制

造加快发展。纵观国内外支持"互联网+"绿色制造的相关政策，不同国家的政策举措既具有共性，也存在差异。比较之下，我国"互联网+"绿色制造相关政策举措取得的成效值得肯定，但同时我国政策体系中存在的问题也值得深思。

（一）国内外"互联网+"绿色制造政策的主要特征

一是高度重视"互联网+"绿色制造领域资金、人才等关键要素供给。无论是欧美国家还是我国，均将资金、人才作为"互联网+"绿色制造发展的关键要素，综合运用多种手段强化"互联网+"绿色制造资金投入、人才培养。在资金方面，我国与欧美等发达国家和地区均出台多项财税金融政策，充分利用财政补贴、政府采购、政府投资基金等财政手段，企业所得税减免、增值税优惠等各类税收政策，以及绿色信贷、绿色债券、绿色基金等金融产品和服务，加大对"互联网+"绿色制造领域的财政资金、社会资金投入。在人才方面，各个国家均立足本国实际，从高等教育、职业教育、产学合作等不同领域入手，强化数字化人才、制造业人才培育，壮大"互联网+"绿色制造人才队伍。

二是着力构建覆盖"互联网+"绿色制造全生命周期的政策保障体系。国内外出台的"互联网+"绿色制造相关政策，均全面覆盖研发、生产、销售、回收等制造业全流程，致力于推动制造业实现全要素、全产业链、全价值链的绿色化转型升级。对于"互联网+"绿色制造技术研发，各国通过财政资金、税收优惠等财税政策给予资金支持，并重视通过专业人才的培养以促进技术创新。针对生产过程，相关国家利用财政、税收、金融等多种手段引导企业加快绿色化改造，大力培育技能型人才，以满足"互联网+"绿色制造生产需求。在产品销售方面，各国通过财政补贴、税收减免等引导消费者购买使用新能源汽车等绿色产品，从需求侧引领供给侧进行绿色化升级。在回收再利用环节，相关国家也通过财政补贴等政策给予大力支持。

三是激励性政策和抑制性政策协同发力，促进"互联网+"绿色制造发展。各国在制定"互联网+"绿色制造相关政策时，均按照正向激励政策和负向抑制政策共同作用的思路，构建完善本国政策体系。一方面，相关国家通过提供财政补贴、税收优惠及大力发展绿色信贷、绿色债券、绿色基金等，降低企业推进"互联网+"绿色制造的风险与成本，增强企业利用数字技术实现绿色发展的意愿和能力。另一方面，各个国家还通过征收资源税、消费税、环境保护税、碳税等税种，以及推行绿色保险、碳排放交易等方式，提高企业从事高污染、高耗能、高排放生产活动的成本，进一步强化企业加快绿色化转型升级的动力。

四是多措并举共同推动“互联网+”绿色制造取得显著发展成效。在各项政策的协同支持下，国内外“互联网+”绿色制造的发展均取得了一定成效。从国内来看，2016—2019 年，规模以上企业单位工业增加值能耗累计下降超过 15%，相当于节能 4.8 亿吨标准煤，节约能源成本约 4000 亿元。这一发展成就的取得离不开相关政策的有力支持，例如，截至 2020 年年底，中国绿色信贷余额已逾 11 万亿元，绿色债券发行总量约为 1.2 万亿元，绿色金融的蓬勃发展有效缓解了绿色制造项目的融资难题。从国外来看，美国政府做出的各类贷款项目首先需要进行环境影响评估并根据评估结果做出决策的规定，有效促进了银行在做出贷款决策时对环境因素的考虑。早在 1991 年，根据美国银行业联合会对 1741 家成员行的调查，62.5%的银行已经改变了传统的贷款程序以避免潜在的环境债务，45.2%的银行曾因为担心将会出现的环境问题而终止贷款。碳排放交易体系也有效抑制了温室气体的排放，如英国的碳排放交易体系仅在 2013/2014 一个遵约年的排放量，就比上一个遵约年减少了近 290 万吨。

（二）我国“互联网+”绿色制造政策存在的主要问题

一是顶层设计仍然需要加强。尽管关于大力发展“互联网+”绿色制造的相关内容在多个国家级战略文件中均有提及，“十四五”规划中也将发展绿色制造作为推动制造业优化升级的重要方向，但对于如何运用“互联网+”技术促进绿色制造发展缺乏具有可操作性的指导意见和行动方案，相关政策体系也需要根据新形势、新目标、新要求进行持续的更新和完善，以确保“互联网+”绿色制造的方向与国家战略方向的一致性。

二是财政资金引导作用尚未充分发挥。我国支持“互联网+”绿色制造的财政资金主要通过专项资金的形式发放，虽能满足被补贴项目的资金需求、保障部分绿色制造项目的开展，但专项补贴的形式不利于发挥财政资金的引导作用，财政资金投入效果因此受到限制。尤其在受到新冠肺炎疫情影响、财政收支矛盾加剧的形势下，更需优化财政支持方式，充分调动财政资金的引导功能，以财政资金撬动更多社会资本积极投入，共同支持“互联网+”绿色制造加快发展。同时，我国政府绿色采购还存在法律保障力度不足、绿色产品及技术认证体系有待健全等问题，导致政府采购对制造业绿色发展的引导作用未能充分发挥。

三是绿色税制有待进一步建立健全。我国于 2018 年开征环境保护税，以促进企业减少污染物排放、加强环境保护，但目前环境保护税的征收存在多重问题，如企业进行申报时污染物排放量测算标准不统一、监测数据的准确性难以保证、跨部门税收征管协作制度不健全等，导致环境保护税的效力有所打折。同时，“十四五”时期，我国生态文明建设进入了以降碳为重点战略方向、推动减污降碳协同增效的关键时期，但我国税制并未根据新时期、新要求进行调整匹配，目前我国尚未制定出台“碳税”，税制在促进降碳方面的作用未能充分体现。

四是绿色金融体系仍需持续构建完善。当前，我国绿色信贷、绿色债券、绿色基金等的发展已取得一定成效，但相关金融产品和服务仍存在一定问题，导致金融支持“互联网+”绿色制造的能力和水平还有待提升。例如，绿色基金大多由政府牵头设立并进行运作管理、投资决策，绿色基金的市场化程度不足、运作效率不高，不利于调动社会资本支持“互联网+”绿色制造的积极性。同时，碳排放交易、绿色保险等限制性的金融政策尚不成熟，全国性的碳排放交易体系尚未建立，环境污染强制责任险制度也处于各地探索的阶段，对企业开展“互联网+”绿色制造的推动作用有待加强。

五是财税金融政策落地基础亟待夯实。公开透明的信息披露是政策落地落实的重要前提。我国尚未建立有效的企业环境信息披露制度，一定程度上缺乏财税金融政策有针对性地落地实施的基础。中国环境新闻工作者协会与北京化工大学发布的《中国上市公司环境责任信息披露评价报告（2019 年度）》指出，2019 年中国沪深股市上市公司总计 3939 家，已发布相关环境责任报告、社会责任报告及可持续发展报告的有效样本企业共 1006 家，占所有上市公司数量的 25.54%。近年来发布报告的上市公司环境责任信息披露水平有所提升，但企业污染排放披露情况仍处于较低水平，多家上市公司由于环保问题被生态环境部通报和处罚，该类信息却未披露在企业官网、企业社会责任报告或者其他相关环境报告中。上市公司属于我国环境信息披露水平领先的企业群体，但仍处于发展阶段，整体水平仍然存在较大上升空间。企业环境信息披露制度的不健全，对支持绿色制造的财税金融政策的有效实施形成了制约。

六是人才培养仍存在缺位、错位问题。我国制造业转型升级将进一步加速，同时我国绿色制造人才规模、知识结构和技能等也面临新的发展要求。虽然我国提出“新工科”改革、“学徒制”、产教融合计划、人才培养培训示范基地等一系列人才培养政策，并将绿色制造纳入支持范围，但仍面临一系列政策缺位、错位等问题。目前产业界中存在的比较典型的情况包括：各界对绿色制造人才需求认知模糊，无法有的放矢地推进政策改革和决策优化；现有绿色制造人才能力要求参差不齐，不利于绿色制造人才流动；教学内容与绿色制造产业发展实际脱节，毕业生不能直接参与企业绿色低碳改造；企业无法独立承担系统的绿色制造培训成本，且可能面临培训后的人才流失的风险，缺乏参与高质量绿色制造人才培训的动力等。

第三章

“互联网+”绿色制造典型应用场景与模式

当前，世界正在进入以信息技术产业为主导的高速发展时期，我国“互联网+”技术与产业发展迅猛，互联网发展进入下半场，以云计算、大数据、人工智能、5G、AR/VR等为代表的新一代信息通信技术向制造业加速渗透，在产业界形成了一批“互联网+”绿色制造融合发展新模式，大大提高了绿色制造效率和效益。

一、“互联网+”技术驱动绿色制造应用场景日益丰富

随着新一代信息通信技术与产业的快速成长，其对制造业绿色化发展的推动力在各细分行业中持续向纵深方向推进，不同技术的融合创新方向与应用着力点逐渐清晰。近年来，全球范围内政产学研各方对新技术融合创新的探索正在与企业生产运营的实际需求紧密关联，应用模式进一步细化，呈现很强的针对性、专业性和前瞻性。

（一）大数据在绿色制造中的应用

大数据（Big Data）是指无法在可承受的时间范围内用常规软件工具进行捕捉、管理和处理的数据集合，需要新处理模式才能具有更强的决策力、洞察发现力和流程优化能力的海量、高增长率和多样化的信息资产，具备Volume（大量）、Velocity（高速）、Variety（多样）、Value（价值）、Veracity（真实性）的特点。随着信息技术和人类生产生活交汇融合，互联网快速普及，全球数据呈现爆发增长、海量集聚的特点，为了适应数据结构多样、数量大、质量参差不齐、实时性要求高等特点，大数据技术不断发展成熟，融合趋势越发明显，数据集成与管理技术助力提升数据质量与可用性，数据分

析应用技术更加注重挖掘数据价值，数据安全流通技术推动数据使用及共享的安全合规，算力融合、流批融合、云数融合、数智融合从趋势成为现实，大数据平台存储、计算、处理、分析能力显著提高。

当前，大数据在各行业的融合应用持续深化，我国作为数字经济大国，对数据的重视程度日益加深。2020 年 4 月，中共中央、国务院发布《关于构建更加完善的要素市场化配置体制机制的意见》，将“数据”与土地、劳动力、资本、技术并称为五大生产要素。工业互联网等新型基础设施的发展，使大数据在工业领域的应用迈出了从理念研究走向落地实施的关键步伐，在需求分析、流程优化、预测运维、能源管理、供应链与物流管理等环节，数据驱动的工业新模式、新业态不断涌现。具体来看，大数据对绿色制造的推动作用主要包括以下几个方面。一是促成信息集成化。企业可以对所有生产所需的物料、设施与设备采用物联网的技术规范，设计统一的数据模型、接口规范、数据平台，实现各种多源异构数据和信息的集成，以实时采集相关物料、设施与设备的数据，并按照设计与配置对海量数据进行存储与处理，提高企业整体运行效率。二是推动生产柔性化。企业能够利用大数据技术，基于历史订单数据、销售数据、设备使用数据等预测订单变化趋势、资源配置趋势和加工能耗趋势，形成实时调度方案，使工厂的整个设备均按照运行控制平台的指令随时调整工作模式、加工方式，实现多品种、多工序、多目标的混合自动生产。三是实现过程可视化。企业可以运用工厂物联网系统的各种传感器、监控设备，实时采集物料、生产设备（如数控机床、工业机器人等）、运输设备等的数据，建立设备故障的联动维护决策模型，降低设备突发故障带来的损失风险，实现对生产环节的全方位监控、管理和操作。为了促进工业数据汇聚共享、深化数据融合创新、提升数据治理能力、加强数据安全管理，2020 年，工业和信息化部发布《工业数据分级分类指南（试行）》《关于工业大数据发展的指导意见》，为大数据在工业领域的应用落地提供了良好的政策环境，中国信息通信研究院连续举办四届“工业大数据创新竞赛”，为工业大数据领域的相关研究人员和创业者提供了成果转移转化的交流平台。

近年来，工业企业信息化基础不断增强，越来越多的企业开始具备数据积累与处理能力，数据分析、事务处理、数据流通等相关技术不断迭代成熟，大数据与工业经济的融合程度不断加深，在部分领先企业中形成一批典型应用场景，推动制造业绿色转型取得新进展。

生产过程管理方面。大数据技术可以打通企业研发端、生产端、销售端的各类数据，并根据市场需求快速调动相应生产资源，推动生产车间实现高质量、高效率和高柔性。典型的生产过程管理系统如图 1-3-1 所示。例如，西门子在完美（中国）有限公司华南生产基地打造的数字化日化车间，通过汇总相关需求信息，应用大数据手段进行配方研发和实验，再将得到的配方数据和工艺信息传输到产品生产线；同时，收集大量温度、压力、乳化时间等生产数据并进行实时调整，最终形成了一个完整的数据闭环，帮助公司大幅缩短了产品的上市时间，保障了产品质量，也进一步优化了车间运营和管理流程，真正做到了降本增效。

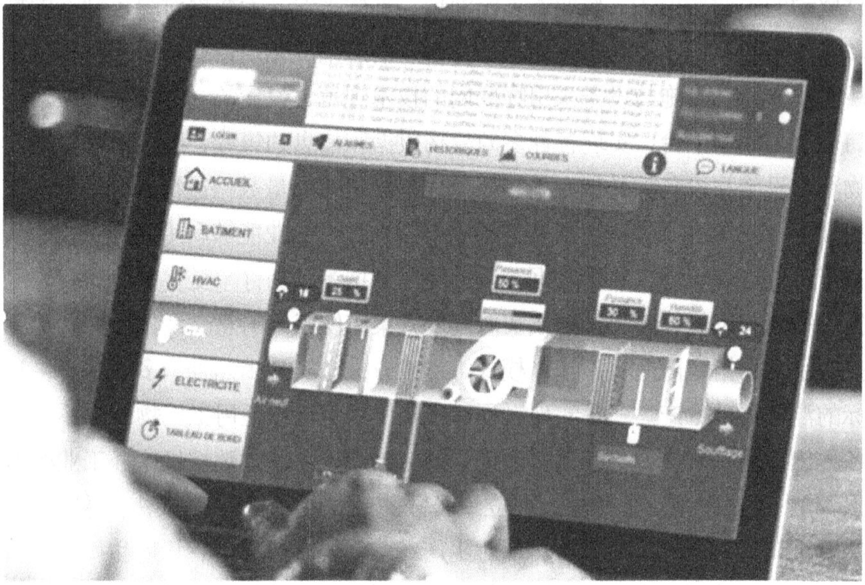

图 1-3-1　典型的生产过程管理系统

设备健康管理方面。企业可以通过智能感知设备，将设备运行、能源管理等系统的数据汇聚到大数据平台，进而得出分析结果和相应的优化方案，大幅降低设备运维成本。例如，施耐德电气与江苏联固合作帮助 20 家江阴电力企业建设智能配电系统，通过在电力应用企业、楼宇等部署一系列互联互通的配电产品，使用集成智能组件和通信设备的 Smart Panels 系统，及时反馈内部所有设备状态、负载及用能情况，并将设备的实时数据上传至远程运维专家平台，保障电力设备的持续可靠运行，预计可为企业用户提高 70% 的运维效率，满足企业节能减排、设备增值和绿色发展等需求。明略数据的轨道交通设备管理解决方案通过汇聚设备治理数据和业务相关数据，能够实现对超过2000辆列车数据的实时回传，并将数据延迟从2000毫秒缩短到500毫秒，实现对设备状态的毫秒级监控。

系统优化方面。企业可以通过大数据平台汇聚各类数据，并基于底层大数据能力提供设备监控、异常预警、故障诊断等智能化应用，形成解决相关业务问题的综合解决方案，提高企业整体运行效率。例如，美国通用电气（GE）公司通过在风机设备上安装传感器获取实时数据并通过大数据平台进行分析，有效地提高了设备运行稳定性和发电效率。具体来看，一是使风机之间相互"对话"，共享并共同优化运营参数，调节功率输出，从而使发电量提升5%，相当于为风场增加了20%的利润；二是通过数据分析预测未来30分钟的风况，并连接应用储能平滑系统为电网提供可预期的稳定功率输出；三是将数据用工业互联网汇集到远程监控中心，提示服务人员哪些设备需要维护。通用电气公司智能风机现场运行效果如图1-3-2所示。

图 1-3-2　通用电气公司智能风机现场运行效果

供应链管理方面。企业能够运用大数据提高其需求预算、决策制度及物流配送的效率和科学性，有效促进供应链合理分配资源，提高各环节协同能力。例如，IBM为玛斯特（The Master Lock Company）重新搭建的电子数据交换平台，可以通过深入分析企业订单、票据等数据，帮助企业优化供应链系统关键流程，节省开发和运营成本，助力企业快速拓展国际业务。联想集团的供应链管理系统通过对大数据技术的应用，对集团公司的全球物流进行了优化，实现了绿色、环保、可回收的供应链设计，降低了整个社会负荷的成本和企业生产成本。

未来，数据在国民经济运行中变得越来越重要，传统的大数据平台将与云计算、人工智能、边缘计算等技术融合，数据挖掘、管理和分析技术将与更多落地场景相结合，推动企业数字化转型加快进行，为企业降本增效、节能减排提供支撑。

（二）云计算在绿色制造中的应用

云计算（Cloud Computing）是指利用分布式计算和虚拟资源管理等技术，通过网络将分散的 ICT 资源（包括计算与存储、应用运行平台、软件等）集中起来形成共享的资源池，并以动态按需和可度量的方式向用户提供服务。与传统的计算和管理等技术相比，云计算具备四大特征：一是宽带连接，"云"不在用户本地，用户通过宽带网络接入"云"中并使用相关服务，"云"内节点之间也通过内部的高速网络连接；二是资源共享，公有云内的资源并不为某一用户所专用，只要满足供应商相关要求，所有的公有云用户可以共享云内资源；三是个性化服务，用户可以按照实际需求迅速获取或释放相关资源，服务商可根据用户需求对资源进行动态扩展，提供快速、按需、弹性的服务；四是服务可测量，服务提供者按照用户对资源的使用量进行计费①。2019 年，全球云计算市场规模达到 1883 亿美元，增速为 20.86%，预计未来几年市场平均增长率在 18%左右，到 2023 年市场规模将超过 3500 亿美元。据中国信息通信研究院公开数据，2019 年我国云计算整体市场规模达 1334 亿元，增速为 38.6%。其中，公有云市场规模达到 689.3 亿元，相比 2018 年增长 57.6%；私有云市场规模达 645 亿元，相比 2018 年增长 22.8%，公有云市场规模首次超过私有云②。中国公有云市场规模及增速如图 1-3-3 所示。

① 《云计算白皮书（2012 年）》，工业和信息化部电信研究院（中国信息通信研究院）。

② 《云计算白皮书（2020 年）》，中国信息通信研究院。

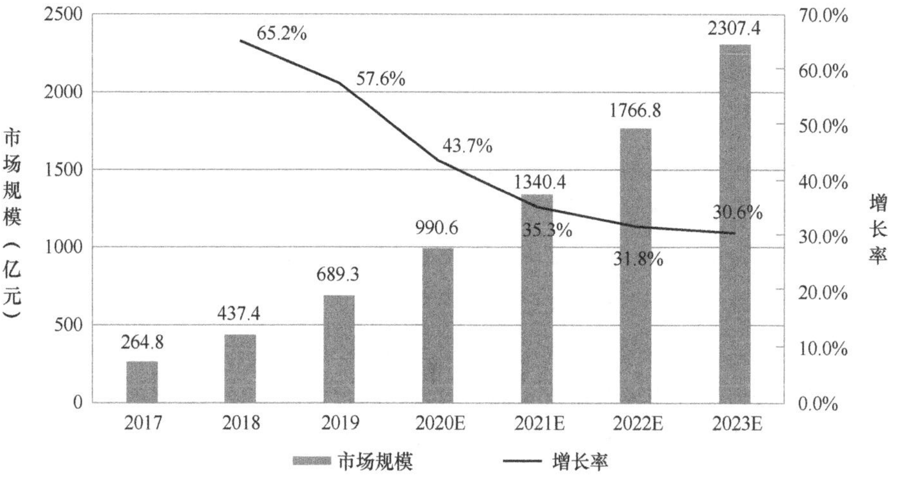

图 1-3-3 中国公有云市场规模及增速

与人工智能、5G、区块链等前沿技术相比，云计算在绿色制造中的应用较早、普及率较高。早在 2011 年，碳排放披露项目（CDP）的一份研究报告中就指出，迁移至云的美国公司每年可以减少碳排放 8570 万吨，相当于 2 亿桶石油所排放出的碳总量①。从整体上看，云计算不仅可以帮助企业减少能源消耗和碳排放，而且能节省成本、提高运营效率，其主要作用体现在以下三个方面。一是为绿色制造奠定了数字化发展基础。云计算的使用极大地降低了制造企业的信息化成本，并显著提升了企业的信息化水平，通过调用云端资源或在云端部署相关系统，制造业的信息化成本不断降低，为绿色制造奠定了坚实的信息化、数字化、智能化发展基础。二是为绿色制造提供了创新的工具和环境。云计算与大数据、人工智能、物联网等前沿技术集成发展，催生出各类在线工业 App 或中间件，推动各类平台功能由“内部调用”走向“多云集成”，助力企业提高功能复用效率，实现集约化发展，节省各类资源。三是为绿色制造开辟了全新发展空间。通过各类云平台，能够实现外部资源的快速调用，促进制造、物流、销售等各环节的互联互通，实现产业链上下游相关数据或信息的快速共享与应用，从而实现全产业链的节能减排。近年来，云计算已成为主要国家和地区实现制造业绿色发展的关键支撑技术。美国能源部于 2015 年成立了智能制造创新中心（CESMII），其核心要

① https://www.businessgreen.com/。

义就是通过集成先进的控制、平台等构建模块技术，从根本上提高制造业的生产率、精度、性能和能耗。欧盟也通过采取公私合营的方法支持云计算等技术在先进制造业中的应用，支持包括水泥、陶瓷、化工、钢铁等在内的 8 个行业实现了排放量减少 30%的目标①。在我国，云计算已成为推动制造业与互联网融合的关键要素和推动制造强国战略的重要驱动力量，现阶段我国云计算基础设施布局已相对清晰，各大云计算服务商已经在全国构建了大型数据中心，以满足中心云相关服务要求②。

目前，云计算促进绿色制造发展主要包括三类典型的应用场景。

第一类典型应用场景是设备服务管理。通过将设备接入云服务平台，实时采集设备运行的相关数据并进行数据分析，综合运用人工智能、大数据等相关技术开展预测性维护，提前对设备可能出现的各种状况进行预研预判，并对工厂内设备进行全局性的优化和管控，提高设备使用和运行效率，助力企业削减成本。西门子位于墨西哥蒙特雷的工厂通过在亚马逊云（AWS）上使用 MindSphere 系统，无须学习新技术，也不需要购买和部署物理硬件，使相关项目在不到 8 周的时间内就从概念转化为生产。该项目将工厂连接到相关的云平台上，便于查看生产线在线设备的综合效率并立即进行改进，同时可以结合历史数据及时发现发生故障的测试设备，从而将生产线生产的合格产品数量提高了 3 个百分点。

第二类典型应用场景是生产过程管控。在现有生产控制系统和设备连接的基础上，直接对涉及产品质量生产、安装和服务等过程中所采取的技术和生产过程数据进行采集、监控和分析，及时发现生产过程中存在的“堵点”并实现快速响应，结合相关指令做出预警、诊断或处置，通过云平台或工业 App 等实现远程控制，帮助企业实现精益制造。欧盟在其公私合作项目 SPIRE 中设立了“复杂工业过程协调优化”（COCOP）项目，该项目由来自 6 个欧洲国家的 12 个合作伙伴共同发起，通过与本地控制系统集成使用基于模型的预测协调优化概念，实现工厂全域的监控和控制，相关的解决方案主要被用在废水处理、化学和玻璃制造部门。某铜冶炼厂基于该解决方案开发了一套咨询系统，将其用于在全厂范围内安排铜冶炼厂的运营，并优化单位工艺

① 数据来源：欧盟官方网站，https://ec.europa.eu/info/research-and-innovation/research-area/industrial-research-and-innovation/key-enabling-technologies/advanced-manufacturing_en。

②《云计算发展白皮书（2020 年）》第 24 页，中国信息通信研究院。

流程，以减少二氧化碳排放量，提高金属回收率，提高铜产量并延长转炉砖的使用寿命。COCOP 项目中的铜冶炼试点项目的基本架构如图 1-3-4 所示。

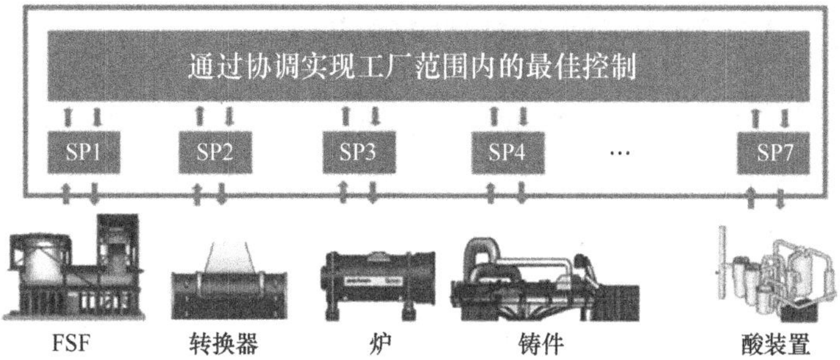

图 1-3-4 COCOP 项目中的铜冶炼试点项目的基本架构

资料来源：欧盟官方网站①。

第三类典型应用场景是企业运营管理。当前，企业数字基础设施的云化管理已经成为实现 IT 服务敏捷化的重要基础。通过使用虚拟化、云原生等技术，构建统一的基础软硬件云化管理平台，提供管理多种异构架构的能力，为上层应用提供敏捷的 IT 服务支撑能力，实现从共性组件的模块化、平台化、可视化，到标准化、敏捷化的方向演进，同时集成完整的前后端开发架构、API 组建、工具发布和工具托管功能，为企业运营管理提供低门槛的开发能力和各类定制化的服务工具，同时促进管理数字化转型升级。IBM 帮助国内某知名的油气生产商部署了智慧审计大数据平台，将审计模式由线下审计转变为线上审计，由抽样审计转变为全量审计，由鼓励审计转变为全业务链审计，由事后审计转变为事中审计，由经验导向审计转变为数字化审计，帮助企业打破了原有的数据壁垒，使企业的业务数据分析能力提升了 5 倍，项目管理效率提高了 4 倍，部分业务领域的审计覆盖率达到 100%②。

未来，随着云技术逐渐由粗放转向精细，云需求从 IaaS 向 SaaS 上移，云布局从中心向边缘延伸，云安全从外延向内生转变，云应用从互联网向行业生产渗透，云计算在绿色制造中的应用边界也将被进一步拓展。从广度看，云计算将逐渐从制造本身向产业链上下游拓展；从深度看，云计算将从单点的应用走向集成综合应用，向生产制造的更核心环节延伸，催生出更多的新

① https://www.spire2030.eu/projects/outputs/cocop-copper-smelter-optimization。

② 资料来源：《非凡 2020 让制造撑起一片天——制造企业数字化转型案例集锦》，IBM。

模式、新业态，为节能减排、绿色发展和碳中和目标的实现提供关键的基础设施和核心技术支持。

（三）人工智能在绿色制造中的应用

人工智能（Artificial Intelligence）是研究、开发用于模拟、延伸和扩展人的智能的理论、方法、技术及应用系统的一门技术科学，主要分为基础层（AI 芯片、算法模型、开源框架、AI 传感器等软硬件）、技术层（计算机视觉、智能语音识别、自然语言处理、知识图谱等）和应用层（以 AI 技术在各领域的集成应用为主）。从 1956 年达特茅斯会议开始，经过 60 多年的演进，人工智能从一门新兴学科发展成能够改变社会的新技术引擎。当前，人工智能从学术驱动加速转变为应用驱动，单点人工智能能力迅猛增长，AI 模型更加丰富，深度学习、图像识别、语音识别等人工智能技术已经广泛应用于安防、零售、制造、金融、医疗、教育等领域，成为新一轮科技革命和产业变革的核心驱动力，对经济社会发展产生了极其深刻的影响。

近年来，人工智能作为一种通用型技术，正在加速与实体经济各领域深度融合，催生出一系列新技术、新产品、新产业、新业态、新模式，为产业变革带来新动力。人工智能在帮助企业提高生产效率、降低能耗、减少污染排放等方面的作用明显，对推动绿色制造发展有重要价值。一方面，人工智能技术应用于制造企业的生产过程中，能够极大地满足个性化定制、网络化协同制造、数字化车间（智能工厂）的建设要求，实现制造企业生产自动化、组织智能化，以及质量、效率、成本、安全、环保的协调与优化，助力企业智能化升级步伐加快；另一方面，企业借助人工智能技术，可以更准确地理解客户需求信息，并利用机器学习、视觉识别、自然语言处理等技术分析企业设计、生产、管理、服务等各环节的数据，支撑企业进行设备预测性维护、业务流程改造、产品和服务模式创新、提高能源资源使用效益等，推动企业全环节不断优化。从全球来看，主要发达国家都在积极布局人工智能，出台战略性研究计划，加大科研投入，抢占科技和产业发展的制高点。我国高度重视人工智能产业的发展，已出台《"互联网+"人工智能三年行动实施方案》《新一代人工智能发展规划》《促进新一代人工智能产业发展三年行动计划（2018—2020 年）》《关于促进人工智能与实体经济深度融合的指导意见》等多个国家层面的政策，推动我国形成涵盖计算芯片、开源平台、基础应用、行业应用及产品等环节的较完善的人工智能产业链。

制造业应用场景丰富，企业绿色发展需求迫切，计算机视觉、语音识别、深度学习、智能机器人等人工智能技术在绿色制造方面的应用不断扩大，形成了一些典型应用场景。

智能研发设计方面。传统产品设计软件可以集成机器学习模块，使软件能够理解设计师的需求并自主提供设计方案。例如，欧特克（AUTODESK）推出的软件平台 Fusion360 结合了人工智能技术与云计算技术，基于造型、结构、材料和加工制造等性能参数，在系统的智能化指引下，设计师只需设置期望的尺寸、重量及材料等约束条件，系统即可以自主设计出成百上千种可选方案。欧特克 Fusion 360 软件操作界面如图 1-3-5 所示。

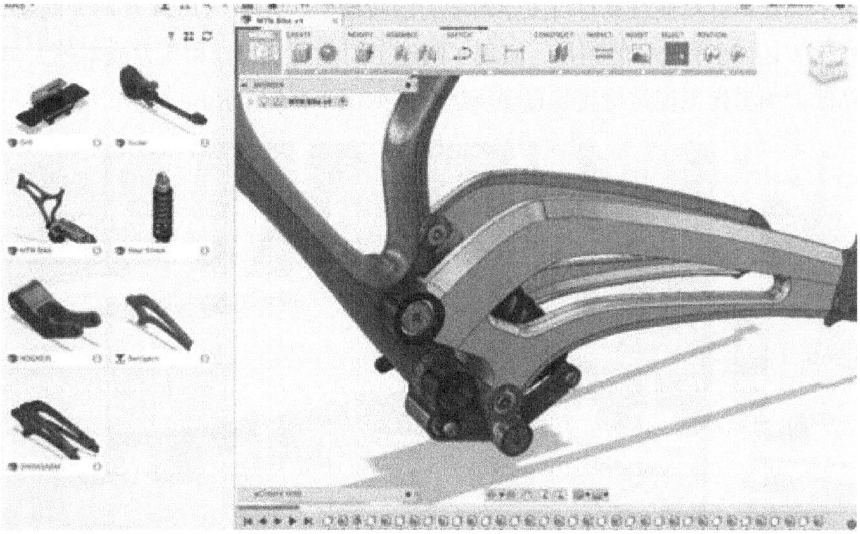

图 1-3-5　欧特克 Fusion 360 软件操作界面

预测性维护方面。企业可以通过机器学习等技术，基于设备运行数据建立预测模型，主动发掘设备故障的风险，改变传统被动的维修模式。微软 Azure 提供的机器学习服务和预测性分析解决方案帮助施耐德电气开发了 Realift 杆泵控制系统，将突发事件与正常机器状态的数据进行比较，生成不断迭代的模型，为石油和天然气生产商确定需要维修的远程设备，使设备维护效率提高 10%～20%，从而节省大量维护成本，提高企业利润，并提高工人和环境的安全性。

物料分拣方面。计算机视觉识别技术能够通过物体识别、姿态估计、尺寸测量、运动规划等步骤，抓取不规则物体并有序放置。例如，西门子将人工智能应用到工业废料的自动分拣环节，即废料进入处理工站时，人工智能通过收集、分析废料的图片信息，分辨废料种类，如危险品、一般废料、可回收物等，从而指导机械手臂将废料分拣至对应的处理流程，分拣精确率从70%左右提升至97%。同时，分拣过程也更加智能和灵活，对于废料类别形态或定义的变化，工业机器人可以自动学习、适应并优化分拣规则，避免了重新训练模型及人为调整参数的步骤。

质量检测方面。可以利用计算机视觉进行产品缺陷检测，降低人工成本，提升产品品质。例如，华星光电借助IBM人工智能和大数据分析技术实施面板缺陷判别，通过对生产线上产生的数万张图片进行快速学习及训练，开发出了一套有针对性且具有自主学习能力的新模型，实现了7×24小时无间断、95%以上准确率的智能判片，实现了制造工厂的高效运作和人力成本的大幅降低。华星光电视觉检测装置现场运行图如图1-3-6所示。

图1-3-6　华星光电视觉检测装置现场运行图

能源管理优化方面。企业能够利用人工智能技术收集能源生产运行数据，构建基础模型，并在实际运行中对初始策略进行不断完善进化，形成能够提高能源利用效率的解决方案。恒逸集团应用阿里云提供的智能锅炉燃烧优化方案，通过设备控制系统获取锅炉实时数据，并针对锅炉的主体部分及主要辅助部件（如给料机、引风机、送风机、省煤器、空气预热器等）搭建相应的模型，预计可以实现2.6%的煤耗降低，每年可为企业节约8000万元的燃料成本。

供应链管理方面。企业可以利用人工智能技术，结合历史供需数据和现实约束条件，更加精准地预测需求，并动态调整库存水平和生产计划，优化产品运输计划和路线，降低企业综合成本。例如，美国罗宾逊全球物流（C.H.Robinson）公司，能够根据货主提供的价格、车型、时限、货物品类等信息，利用机器学习技术生成多种性价比较高的方案，并与承运方信息系统实时对接，快速将订单需求转化为更加高效、优化的运输计划。同时，系统允许用户根据多种组合条件进行查询，提供包括成本分析、财务分析、运输网络分析的定制化图表，帮助用户优化供应链管理。

未来，随着人工智能与实体经济融合程度的不断加深，算法将不断优化，应用场景将更加多元，人工智能技术将向更深层的智能优化、决策控制等方向延伸，向制造业输出更多解决办法、咨询服务或 SaaS 应用，推动传统产业加快转型升级。

（四）区块链在绿色制造中的应用

区块链可以被理解为由一个个记录着各种信息的小区块链接组成的一个链条，类似于将一块块砖叠起来，而且叠起来之后是没办法拆掉的，每块砖上还写着各种信息，包括谁叠的、什么时候叠的、砖使用了什么材质等，这些信息都没办法修改。从信息科学的视角来理解，区块链是一种分布式账本技术（DLT），它将数据信息单独放在所有加入区块链网络的节点当中，且存储的信息是一致的，如果有部分节点出现了损坏，信息也不会丢失，用户还可以从其他节点上查看。这些网络节点可以是服务器、笔记本电脑、手机等，所有节点的数据都是同步的，整个区块链网络工作在一个协商一致的算法上，这个算法很难操作，因此产生了一个可信的事务系统，所有节点的参与者都可以查看上传到区块上的信息。

区块链技术的主要特点包括以下几个方面。一是不可篡改性。这意味着如果信息存储到区块链中就会被永久保存，一旦数据或信息成为区块链的一部分，就不可能被改变。二是自治性。区块链采用基于协商一致的规范和协议，各节点按照这个规范来操作，这样所有的流程都由机器完成，就没有人情成分，使得对人的信任改成了对机器的信任，任何人为的干预都不起作用。三是数据安全和透明性。区块链是一个分散的平台，它使数据分布在网络中，而不是存储在中央服务器上。由于所有信息都是以加密方式存储的，因此系统之外的任何人都不容易更改它。而且，所有的信息对整个系统或网络中的人都是可见的。

得益于这样的技术优势，区块链正在从最早应用的金融领域，如数字货币、跨境支付、供应链金融、保险、证券等，快速向实体经济的其他领域扩散。在行业应用中，基于区块链的解决方案通常被定位为通过自动化业务流程或通过数字化记录来实现运营效率提高的手段，它们可加强已知实体之间的信息共享，并高效跟踪数字资产。根据世界经济论坛（WEF）2015 年的预测，2027 年后，全球 GDP 的 10%将存储在区块链上。美国福布斯撰文报道，到 2025 年，区块链的商业增加值将增长到略高于 1760 亿美元，到 2030 年将超过 3.1 万亿美元。到 2023 年，30%的收入超过 50 亿美元的制造公司将使用区块链实施工业 4.0 试点项目。而在所有的应用项目中，区块链提供商业价值的最大潜力在于制造业。

我国对区块链与实体经济的融合发展高度重视，习近平总书记在中央政治局第十八次集体学习时强调指出，把区块链作为核心技术自主创新重要突破口，加快推动区块链技术和产业创新发展。我国区块链相关顶层设计与规划近年来日趋完善，国家部委与各地政府相继出台区块链相关政策以推动区块链技术和产业快速发展。截至 2020 年年底，全国有 23 个省（自治区、直辖市）将区块链写入 2020 年政府工作报告。各地纷纷建立区块链综合服务平台，“渝快链”“赣州链”“蜀信链”等平台纷纷涌现，推动产业向好发展。

区块链在行业应用中的固有好处，如卓越的透明度、更高的可追溯性、不变性、提高成本效率、提高速度和降低风险概率等，极大地丰富了其应用场景，尤其是为制造业建立绿色化的业务模型铺平了道路。在“互联网+”绿色制造领域，区块链的应用有着巨大的价值，从产品的设计研发到回收报废，妥善利用区块链技术，可以提高制造业订单的准确性，改善产品质量，提高可溯源性，帮助制造商生产出更高质量、更绿色环保的产品，使制造商可以更准时、高效地交付货物，降低全产业链、全价值链、产品全生命周期的能量损耗。具体来看，区块链促进绿色制造的作用机理主要体现在以下几个方面。

首先，区块链的不可篡改性可以在不同的方面帮助制造公司提升运营效率与安全保障。在供应链协同、零部件追溯等工作中，这项技术特性可以使各参与节点快速了解一个项目或者一个产品的历史信息，在提高效率的同时，避免跨系统协同造成的资源浪费与信任危机。其次，区块链可以建立一个适当的审计系统。实际上，区块链中的所有内容都要经过各种审计过程。

因此，它是一个逻辑完美的审核工具，可以帮助制造企业定期对产品的绿色化特性进行实时审核。再次，区块链可以帮助企业降低成本。区块链可以帮助企业对供应链及价值链上的每个环节进行流程精简，避免环节上的各类漏洞，从而在不损害质量的情况下提升制造过程的绿色化属性，降低成本。更重要的是，它也可以为小型制造商开展绿色制造业务节省大量资源。最后，制造市场中的区块链可以提高生态系统中进行交易的效率。从支付货款给供应商，到处理配送中心或物流，每笔交易都可以在几秒内完成。全套流程下来，以往需要几天时间来处理，而如果使用区块链，用户则可以在几分钟内完成。

区块链的应用能够对制造企业的绿色化发展起到巨大的提升作用，可以显著降低各环节的资源浪费，提升产品全生命周期的绿色特性。目前，制造业国际巨头已开始高度重视区块链的应用，全球范围内涌现出了许多成功应用案例，形成了三类典型场景。

第一类场景是利用区块链平台跟踪重要零部件，确保产品的安全可靠。此类场景在装备制造领域最为典型。例如，GoDirect Trade 平台是一个由霍尼韦尔设计的区块链平台，旨在证明零件的来源并确保其符合安全标准。传统上，每个航空零件都会有纸质的“出生证明”——质量文件，用于证明其最初的制造商和当前的安全合规性，每个文件都需要物理地从一个地方移到另一个地方，然后重新输入新所有者的账户中，这几乎使它们无法在线销售，因为纸质文档很容易伪造。目前，在每年售出的 40 亿美元的二手航空零件中，只有不到 3%是在线完成的。根据美国国家运输安全委员会（NTSB）的数据，2010—2016 年，未经批准的航空部件在近 20 起事故中造成 7 人死亡、18 人受伤。通过区块链将供应链的每个列表与零件的图像及相应的文件相关联，便可以快速指向要出售的确切零件，帮助用户不仅确保零件的位置，而且无法伪造与之相关的质量文件。来自霍尼韦尔的数据显示，目前波音公司已向 GoDirect Trade 平台添加了超过 10 亿美元的飞机零件。下一步，汽车、电子产品、消费品等行业也有望加入 GoDirect Trade，以对产品的安全进行严密追踪管理。

第二类场景是追溯工业产品中的可回收原材料来源。此类场景在汽车制造领域最为典型。据估计，每年有 180 万块废旧锂电池并未得到合理回收，这对环境的影响是巨大的——锂电池中钴等稀有金属如果作为废弃物填埋到垃圾填埋场，会产生有毒物质并扩散到水源中。除了保护环境，电池回收还能减少因开采钴等原材料而引发的道德问题，因为全球大部分钴都来自刚果民主共和国，由童工和奴隶劳工开采。汽车制造商们正面临来自客户和投资者的压力，后者要求汽车制造商们证明其电动汽车没有采用争端矿物或童工开采此类矿物。因此，汽车制造商们正在探索区块链技术的用途，以提高整个供应链中的问责性。为了有效跟踪电动汽车电池中的材料，验证材料的可回收性并确保合规性，沃尔沃汽车与英国区块链溯源技术公司 Circulor 公司建立了合作。目前，沃尔沃汽车部署了行业首个区块链溯源系统来跟踪其电动汽车电池中所使用的钴。这些钴从废弃手机和笔记本电脑的锂离子电池中回收，通过供应链到达电池制造商宁德时代（CATL），然后到达沃尔沃汽车公司。

第三类场景是利用区块链查询管理供应链上原材料的绿色化水平。此类场景在服装等消费品行业中最为典型。区块链技术正在被用来追踪时尚行业的用料是否符合可持续发展的理念。IBM 正在与德国纺织品制造商 Kaya&Kato 合作开发一个区块链网络，追踪时尚行业所用面料的来源。在产品项目开始前，IBM 委托 Morning Consult 公司对欧洲消费者进行的一项调查发现，75%的受访者表示他们担心时尚行业的浪费问题。64%的人表示，如果新技术能够验证可持续发展的说法，他们愿意购买此类服装。IBM 基于区块链技术开发的新应用程序将使 Kaya&Kato 的供应商和客户能够识别纺织品的加工地点，并了解生产和分销过程的每个步骤。IBM 表示其目的是使从服装使用的纤维到最终产品的完成透明化、可追溯，并让消费者知道他们购买的衣服是符合可持续发展理念的。目前，这个项目得到了德国联邦经济发展部的支持。

随着区块链技术与应用的不断发展，其将与更多的信息技术及行业领域进行融合创新，打造出大范围且更多形式的应用场景。尤其是有望通过区块链打通金融、零售等领域与制造业的融通发展，助力跨行业企业共同打造可靠、可信、便捷的生产模式与商业模式。

（五）VR/AR 在绿色制造中的应用

虚拟现实技术简称 VR 技术，是 20 世纪发展起来的一项全新的实用技术。虚拟现实技术集计算机、电子信息、仿真技术于一体。从理论上来讲，虚拟现实技术是一种可以创建和体验虚拟世界的计算机仿真系统，它利用计算机生成一种模拟环境，使用户沉浸到该环境中。虚拟现实技术就是利用现实生活中的数据，通过计算机技术产生的电子信号，将其与各种输出设备结合，使其转化为能够让人们感受到的现象，这些现象可以是现实中真真切切的物体，也可以是通过三维模型表现出来的我们肉眼所看不到的物质。因为这些现象不是我们直接能看到的，而是通过计算机技术模拟出来的现实中的世界，故称为虚拟现实。随着技术与产业的发展，虚拟现实技术受到了广泛的使用和认可，用户可以在虚拟现实世界体验到最真实的感受，其模拟环境的真实性与现实世界真假难辨，让人有种身临其境的感觉；同时，虚拟现实具有一切人类所拥有的感知功能，比如听觉、视觉、触觉、味觉、嗅觉等感知系统；此外，它具有超强的仿真系统，真正实现了人机交互，使人在操作过程中，可以随意操作并且得到环境最真实的反馈。虚拟现实技术的存在性、多感知性、交互性等特征，使它受到了许多人的喜爱。

增强现实技术简称 AR 技术，是促使真实世界信息和虚拟世界信息内容之间综合在一起的信息技术，其将原本在现实世界的空间范围中比较难以进行体验的实体信息实施模拟仿真处理，并将仿真处理内容在真实世界中进行叠加，从而实现超越现实的感官体验。真实环境和虚拟物体之间重叠之后，能够在同一个画面及空间中同时存在。增强现实技术不仅能够有效体现出真实世界的内容，也能够促使虚拟的信息内容显示出来，这些细腻内容相互补充和叠加。在视觉化的增强现实中，用户需要佩戴头盔显示器，促使真实世界能够和计算机图形重合在一起，在重合之后可以充分看到真实的世界与虚拟影像相互围绕。增强现实技术中主要有多媒体和三维建模及场景融合等新的技术与手段，增强现实所提供的信息内容和人类能够感知的信息内容之间存在明显不同。

随着虚拟现实技术和增强现实技术的快速成熟与落地应用，各国政府对此高度重视。美国国会在 2017 年成立 VR/AR/MR 核心小组，组织研究相关技术与产业推进政策。欧盟在 2020 年 12 月发布的《数字时代的欧洲媒体：支持复苏和转型的行动计划》中，提出要建立一个欧洲虚拟现实和增强现实产业联盟，并启动虚拟现实媒体实验室项目。AR/VR 技术的发展也被国际专业机构普遍看好。根据普华永道 2020 年发布的 AR/VR 市场预测报告，2030 年 AR/VR 对全球 GDP 增长将贡献 1.5 万亿美元。在我国，以工业和信息化部、国家发展改革委为代表的国家部委将 VR/AR 纳入智能硬件产业，在多项产业政策中持续加大推进力度，各地方政府有针对性的扶持方案陆续出台，AR/VR 行业在中国的爆发式增长一触即发。IDC 中国发布的《IDC 全球增强与虚拟现实支出指南2020》判断，2020年中国AR/VR总体市场规模已超过美国，位列全球主要市场首位，同时中国成为支出规模最大的国家。预计2020—2024年国内 AR/VR产业平均增长率可达到47.1%，这基本预示着国内市场将持续保持AR/VR产业的“全球第一大规模”。

在制造领域，制造商正在探索采用这些技术的创新方法，从而推动在多个领域建立“数字连接”工厂，未来的虚拟与现实相结合的工厂已经摆在我们面前，从产品开发，到维护和维修，再到工人培训和安全，均在提高效率的同时，极大地降低了资源浪费。

通过 AR/VR 护目眼镜将工业设备的数字视图带入现实世界，可以让操作人员的工作更安全、更有效率和更低成本。虽然以往也可以在智能手机、平板电脑上使用 AR 技术，但使用基于 AR/VR 技术的护目眼镜可以解放工作人员的双手，让他们去完成他们需要完成的任务，对于制造业来说往往是更优的选择。此外，随着越来越多的制造业工人退休，取而代之的人也越来越少，多个工业部门的技能差距也随之扩大。2018—2028年未填补的熟练工职位可达240万个，熟练的生产工人将成为更难填补的职位空缺之一。为了解决这个技能差距的问题，年长的工人可以通过AR转移他们的知识以帮助更多的新员工。在使用 AR/VR 技术进行这种信息传输的一个典型场景中，一家公司通过护目镜上的摄像头记录了工作人员维修设备时边工作边讲述的全过程，并制作了一段如何操作的视频。未来的工作人员可以从这些护目眼镜中获得这些视频，这样他们就不仅可以看到需要修理的设备，也能看到如何修理这个设备。研究数据表明，应用这项技术可以使培训时间减少37%，记录指导的时间减少75%。

经过不断的技术研发与应用探索，近年来全球范围内已经有很多知名企业利用 AR/VR 技术打造出了丰富的制造场景，对制造业的降本增效，尤其是绿色可持续发展起到了非常积极的促进作用。目前最为典型的绿色制造场景包括以下几个方面。

第一个典型场景是设备的设计研发与测试。目前，虚拟现实正被前瞻性的制造商所使用，以改进其预测分析方法。在传统的设计研发流程中，发现产品设计中的缺陷可能需要数周的分析数据，但通过与产品进行数字交互，专业人员在几分钟内就发现设计缺陷，从而避免大量人力与材料的浪费。同样的工艺也适用于整条生产线。通过在虚拟环境中研究生产过程，制造商能够发现瓶颈和需要改进的领域。VR还消除了建立实际的全尺寸模型的需要，这在汽车制造、高端装备等领域非常方便，因为在这些领域，原型制作可能非常昂贵。

例如，福特公司同 Gravity Sketch 公司合作测试 3D 虚拟现实工具，创造性地将设计师置身于设计的汽车中，让他们可以从任意角度放大或缩小眼前的这辆汽车，甚至可以进入汽车内部，判断某一处的设计元素是否与整车的风格一致。传统的汽车设计是先画出 2D 草图，接着对草图进行扫描生成高质量的矢量图，然后利用计算机辅助设计软件创建一个 3D 模型。而这一切需要花费数周时间，设计师需要对 3D 建模阶段的设计进行严格的挑选。3D 虚拟现实工具可以使设计师跳过二维阶段，取而代之的是 VR 耳机和控制器，通过动作跟踪技术，设计师可以用笔和纸来模仿素描的动作。设计师可以进行绘图、旋转、展开和压缩及 3D 素描，还能够让多个设计师参与到这个过程中，并实时做出改变。福特公司的虚拟现实设计场景操作形式如图 1-3-7 所示。福特公司官方表示，这个工具可以将设计时间从几周缩短到几小时。目前，福特公司已经在全球 5 家设计工作室部署了这项技术的测试，测试其实现工作流程的可行性。数十名设计师会测试该技术的实时协作和创作的能力。此外，福特公司也将这项技术用于安全性能测试，通过在虚拟世界模拟汽车驾驶过程，预先识别危险的操作。通过这项技术，福特公司已经将车辆事故中的受伤人数减少了 70%。

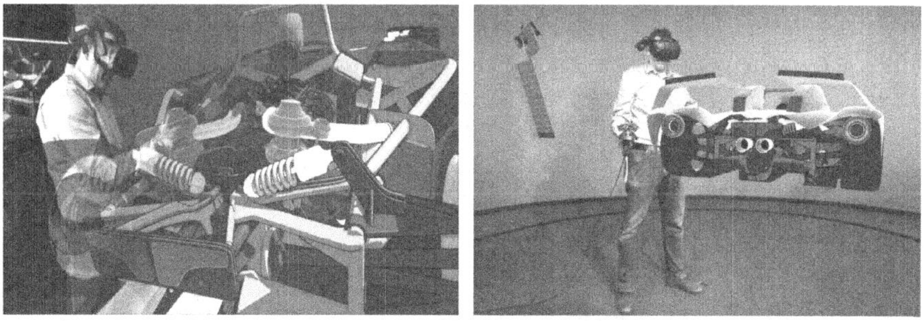

图 1-3-7 福特公司的虚拟现实设计场景操作形式

第二个典型场景是生产现场的数字化指引。AR/VR 技术提供了新的方式帮助工作人员观察产品及其生产制造过程。基于 AR/VR 的装配技术能够在不需要产品实际原型的情况下，通过辅助可视化技术帮助工程师对产品的设计做决策，也能在最后开展实施工作之前，帮助工程师有效地研究人工装配中的瓶颈问题和潜在的人机工学问题。

例如，空客公司在 A330 的最终装配阶段引入了 AR 技术辅助实现座椅及其他客舱装修的精确位置标定，并利用头盔式眼镜实现了 AR 的功能。头盔式眼镜配备了一个摄像头，在扫描二维码后，会显示不同客户需求的舱内安装计划、信息和标定区域。原来必须要有有经验的工人来解码复杂的设计图、准备标定模板，并需要长时间保持专注。而此 AR 头戴式设备重塑了空客的标定操作模式，还能提供常见的手势交互和英文语音交互功能。为了获得更加全面的测试效果，空客公司在 5 架 A330 飞机上进行了试验。结果非常喜人，即便对于毫无装配经验的人，其标定位置所需要的时间也仅需要之前的 1/6，错误率更是降为 0。与此同时，空客公司在 A380、A350XWB 和 A400M 也开展了类似的 AR 试验项目。空客公司在复合材料机舱内安装 6 万～8 万个托架，用来支撑大量液压管和线束，并使用带有 AR 功能的平板电脑，访问飞机 3D 模型，将操作和安装结果与原始数字设计进行对比，以检查是否有缺失、错误定位或托架损坏；在检查完成后，可自动生成报告，任何不合格的零件都能够很快得到替换或修理。利用该 AR 技术，A380 机身上 8 万个托架的检查时间从 3 周缩减到了 3 天。空客公司基于 AR 技术的虚拟装配操作形式如图 1-3-8 所示。

图 1-3-8　空客公司基于 AR 技术的虚拟装配操作形式

第三个典型场景是设备维护与培训。利用虚拟现实技术和设备，用户可获得身临其境的沉浸感，实现对工厂设备的远程监控，实时了解数字化车间的生产状况，在线获取工厂设备的运行数据，并通过交互技术实现远程操作维护、设备管理，或对现场人员进行远程维护指导和培训。例如，技术人员在检查或修理机器时需要的信息可以直接投射到他们操作的部件上，任何配备 AR 眼镜的员工，实际上都可以由专家远程指导，专家通过简单地模拟员工应该执行的操作来提供支持。在 2020 年新冠肺炎疫情期间，旅行限制令使大量制造企业客户长时间无法立即获得现场支持，因此，罗克韦尔自动化将 PTC 的 Vuforia Chalk 整合至自己的业务中，旨在帮助客户在遵守居家令的同时，保持业务连续性。使用了 Vuforia Chalk 后，本地技术人员可现场拜访客户，而罗克韦尔自动化的服务工程师则可针对机器的独特维护需求提供远程指导。通过 Vuforia Chalk，疫情期间有超过 500 位罗克韦尔自动化的服务工程师在遵守居家令的同时，向客户提供了远程服务指导。

未来，由于制造业面临严重的技能差距，从已有的领域专家那里获得更有效的知识转移将越发重要。根据德勤和制造业协会的一份报告，未来 10 年可能需要 1000 万个制造业岗位，但预计有数百万个岗位空缺无人填补。大量工人退休，加上产品复杂性和客户需求的增加，要求一流制造商以新的方式向一线工人提供相关信息。AR/VR 技术在这个过程中将作为最主要的载体在制造业中发挥重要的作用，加速制造业向节能、高效、可持续性发展的方向持续演进。

（六）5G 在绿色制造中的应用

5G 即第五代移动通信。自 20 世纪 80 年代以来，移动通信经历了 1G/2G/3G/4G 的发展，逐步迈入 5G 时代。5G 技术不仅满足了人与人的通信需求，更重要的是解决了人与物、物与物之间的通信问题，提供了前所未有的用户体验和万物互联能力，由此引发了新一轮的技术创新浪潮。

从 1G 到 2G，移动通信实现了从模拟技术到数字技术的转变，在语音业务基础上，扩展支持低速数据业务。从 2G 到 3G，移动通信的数据传输能力得到显著提升，峰值速率可达 2 兆比特/秒（Mbps）至数十兆比特/秒，能够支持低带宽的视频电话等移动多媒体业务。从 3G 到 4G，移动通信的数据传输能力又提升了一个数量级，峰值速率可达 100 兆比特/秒，能够较好地支持各类在线播放、视频电话、视频直播等移动宽带业务。与 4G 相比，5G 具有高速率、低延时、大连接三大突出特征。具体来看，在高速率方面，4G 最高速率可达 100 兆比特/秒，而 5G 的下载速率最高可达到 1 吉比特/秒，是 4G 的 10 倍以上。例如，通过 5G 网络下载一部 1GB 大小的超高清电影，仅几秒钟即可完成。在低延时方面，4G 网络无线传输时延在 10 毫秒以上，而

5G 网络可以达到 1 毫秒的无线传输时延要求，仅为 4G 的十分之一，能够满足无人驾驶、远程医疗手术、工业自动化控制等应用要求。在大连接方面，5G 网络具备每平方千米百万级别的用户连接能力，能够有效支撑海量物联网设备的接入，保证核心城市或工厂区域的联网终端同时接入网络。

全球主要国家和地区纷纷加快 5G 战略布局，高度重视 5G 在工业、交通、教育、医疗等经济社会各领域的应用。2018 年，美国联邦通信委员会（FCC）发布《5G FAST 计划》，对全面推进 5G 网络建设做出战略部署，以加强美国在 5G 技术领域的优势。截至 2019 年年底，AT&T、Verizon 等美国全国性的运营商均已实现 5G 商用，高频段 5G 覆盖数十个主要城市，中低频段 5G 网络覆盖更多郊区和农村地区。欧盟将 5G 作为数字经济发展的重要基础设施，相继制定发布了《欧盟 5G 宣言》《5G 行动计划》等，协调各成员国共同推进 5G 商用发展，同时积极在工业、交通、能源、医疗、智慧城市、农业等领域开展 5G 应用试点。目前，欧盟所有成员国都已开始 5G 试点，但是除了瑞士、摩洛哥等个别国家，多数国家的 5G 网络覆盖区域有限。韩国 5G 商业化全球领先，早在 2013 年就发布了《5G 移动通信先导战略》，并于 2019 年发布《实现创新增长的 5G+战略》，全面推动 5G 与各行业、各领域深度融合，促进传统产业转型升级，打造世界领先的 5G 产业生态。2019 年 4 月，韩国成为全球首个开始 5G 商用的国家。据韩国三大运营商测算，截至 2020 年年底，韩国 5G 基站数已超过 12 万个，用户数有望达到 1000 万。

5G 已成为推动制造业高端化、智能化、绿色化发展的使能技术。5G 正好解决了工业场景中各类工业系统、工业设备、传感器、控制器的连接问题，突破了现有工业网络技术在可靠性、连接密度、传输能力等方面的局限。加快推动 5G 技术在工业领域应用，可以全面连接、感知、控制各类终端设备，推动研发设计、原材料供应、加工制造和产品销售等全过程精准协同，贯通产业链上下游和生产过程各环节，实现生产资源优化整合和高效配置，为工业绿色发展提供支撑。2016 年，工业和信息化部制定出台了《工业绿色发展规划（2016—2020 年）》，提出利用移动互联网等技术促进生产方式绿色转型。2017 年，国务院印发《关于深化“互联网+先进制造业”发展工业互联网的指导意见》，要求推进 5G 在工业企业的应用部署。2019 年，工业和信息化部组织实施了“5G+工业互联网”512 工程，加快推动工业企业利用 5G 技术对内外网进行改造升级，培育形成一大批 5G 在工业领域应用的典型场景。

2018年以来，在工业和信息化部的指导下，中国信息通信研究院和IMT-2020（5G）推进组连续三年举办“绽放杯”5G应用征集大赛，征集了近1万个5G应用项目，覆盖工业互联网、智慧医疗、行业应用、智慧交通、智慧园区等多个领域，其中不乏大量应用于工业领域的5G应用创新案例。

基于国际电信联盟的定义，5G主要有以下三大应用场景（见图1-3-9）。一是增强移动宽带场景。其进一步可以划分为连续广域覆盖和热点高容量场景，主要面向移动互联网流量爆发式增长需求，为移动互联网用户提供更加极致的宽带体验。例如，各类体育赛事、演出活动的超高清现场直播，火车站、道路交叉口、广场、旅游景点等重要区域的超高清安防监控，以及涉及大量数据同步的智能制造、智慧城市等领域。二是超高可靠低时延通信场景。类似传统互联网的浏览网页、音乐、视频等日常应用，一般数十毫秒的时延不会有明显影响。而对于无人驾驶、远程医疗、远程控制等新应用，很小的时延或信息错误都可能造成严重的事故和不可挽回的损失。5G可以提供毫秒量级的端到端业务传输时延和接近百分之百的可靠性保证，能够满足工业控制、远程手术、自动驾驶等对时延和可靠性具有极高要求的垂直行业应用需求。三是海量机器类通信场景。随着物联网产品和技术的广泛应用，各类电子设备、传感装置、工业设备等终端数量呈现指数级增长，万物互联时代即将到来。5G网络能够支持每平方千米百万级别的连接数密度，可以满足工业场景、智慧城市、智慧物流、环境监测等存在大量采集、控制、交互任务的应用需求。

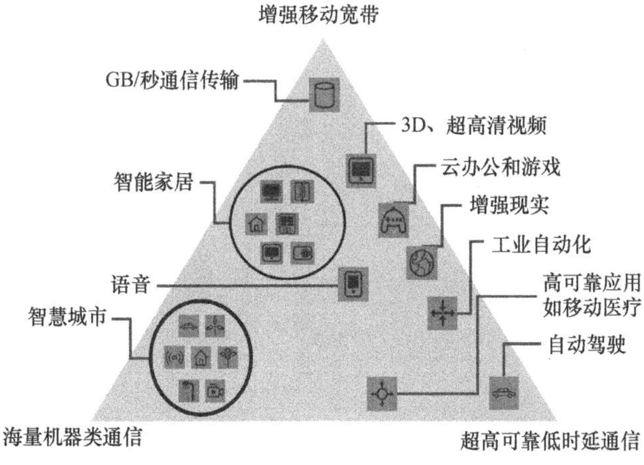

图1-3-9 5G的三大应用场景

基于以上技术特点和应用场景，5G 将重塑传统产业发展模式，为推进绿色制造赋能。5G 技术可以融入设计、研发、生产、管理、服务等各环节，满足人、物、机器等全要素全面连接的需求，实现实时监控、远程操控、远程运维、全系统感知等新模式，提高生产和管理效能，降低不必要的能耗物耗，节省管理成本、人力成本，推动制造业向网络化、智能化、绿色化发展。

第一类典型应用主要面向增强移动带宽场景。传统的工业总线或厂区无线通信，由于建网灵活性有限、带宽不足、延迟较高等原因，难以实现生产过程实时监控、远程控制等操作。5G 网络超大带宽、低时延的特性，为生产制造智能化、绿色化提供了新的解决方案。通过 5G 技术改造升级原有厂区通信网络，可以实现远程监控、实时操控、无人巡检、智慧物流等功能。例如，国内青岛港利用 5G 网络替代原有的通信网络来开展远程监控和远程操控实验。岸桥吊车等现场设备安置了不同角度的 30 多路高清摄像机，其所拍摄的视频通过 5G 网络实时回传至远程控制中心，实现操作人员对现场环境的全方位掌控。操作人员在远程控制中心就可以成功地对自动化岸桥吊车进行远程操作，完成集装箱的装卸和运输。基于 5G 网络的港口远程控制中心操作现场如图 1-3-10 所示。通过搭建 5G 网络，节省了原有通信网络每年超过百万元的维护成本，传统码头 60～80 个工人的工作现在只需要 9 个远程操控员就能够完成，大幅降低了人工成本，改善了工人作业环境，且显著提高了港口作业效率。

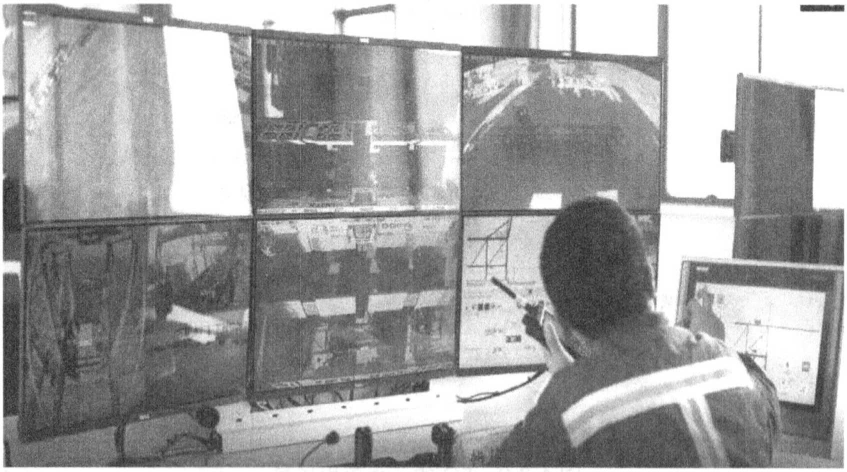

图 1-3-10　基于 5G 网络的港口远程控制中心操作现场

第二类典型应用主要面向超高可靠低时延通信场景。5G 技术超高可靠、超低延时的特点，可应用在一些高精度和高实时性要求的制造环节，以便工作人员全面、及时地掌握生产环境和生产设备状态，实现远程实时监控、实时操控等功能。例如，全球最大的 5G 设备供应商之一爱立信，与德国弗劳恩霍夫生产技术研究所合作进行了一项生产线 5G 改造试验。一家生产喷气式发动机金属叶片盘的工厂的大型零件是通过金属铣削过程制造的，该过程最多需要持续 20 多个小时才能完成，并且切割过程对精准度要求极为严格。该过程的错误率较高，一些微小振动就会引起故障，但是通常直到铣削过程结束才能发现错误，这意味着完成有缺陷的刀片会浪费大量的精力和时间。通过将基于 5G 技术的传感器放置在组件或工具上，能够实时检测设备故障，并将错误率降低到 15%以下，使产品的平均生产成本降低了 3600 欧元，减少了无效设备损耗和能耗。将基于 5G 技术的传感器连接到铣床组件上的工作场景如图 1-3-11 所示。

图 1-3-11 将基于 5G 技术的传感器连接到铣床组件上的工作场景

第三类典型应用主要面向海量机器类通信场景。5G 网络大带宽、广覆盖、海量设备连接的特性，可以为大型制造、能源等系统提供稳定、高效的通信保障。随着各类传感设备和物联网普及，新型电力系统逐渐呈现采集频次提升、采集内容多样、交互双向互动发展的趋势。目前，国家电网已将 5G 技术应用于发电、输电、变电、配电、用电五大环节（见图 1-3-12），有效提升了电网数据采集频率，提高了终端设备泛在覆盖率，实现了“云-

边-端”智能化协调，加速了电网向智能化、绿色化升级。在发电、输电、变电环节，5G 技术主要为实现移动巡检、视频监控、环境监测等新型业务方式提供通信支持，增强电力系统的感知、分析和管理能力。在配电环节，5G 技术可以实现配网设备的可管可控，提升精细化操控水平，有效推动配电自动化、柔性化，同时从更高层面实现分布式能源泛在接入和智能化管理，保障配网持续稳定。在用电环节，5G 技术可以实时获取用电情况，精准预测用电需求，通过阶梯电价、实时电价等业务方式助力用电端向服务化、绿色化发展。

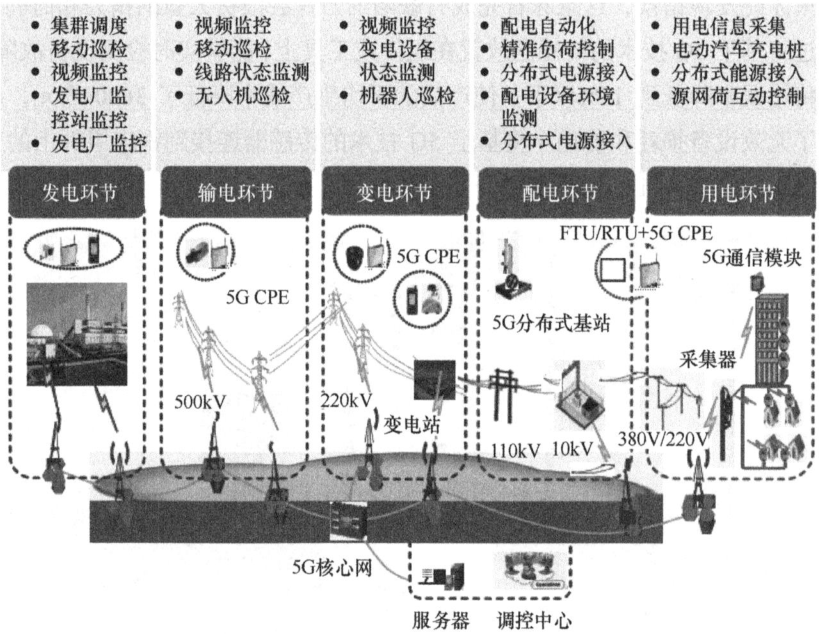

图 1-3-12　5G 在电力系统各环节的应用

图片来源：国家电网。

随着 5G 网络建设和商用进程逐渐加快，越来越多的工业企业加快探索利用 5G 技术改造升级企业内外网，建立起泛在连接、智能感知的通信网络，进一步为物联网、大数据、云计算、人工智能等新一代信息技术融合应用奠定坚实基础。5G 技术的高速率、低延时、大连接等特点，将在工业领域创造更多的应用模式和应用场景，加快促进生产方式向绿色化转型，为推动绿色制造深入发展提供有力支撑。

二、我国“互联网+”绿色制造模式探索全方位推进

当前，以互联网相关技术为代表的新一代信息通信技术正不断向工业研发、设计、生产、流通、管理、服务、回收等各环节加速渗透。信息通信技术在工业中从过去的单点应用、环节集成发展为全面融合，为工业发展赋予了网络化、个性化、服务化、智能化、绿色化的新特征。我国制造业企业积极利用新兴技术，特别是在设计研发、生产、运维和回收利用方面的应用效果显著，探索出了一批“互联网+”绿色制造融合发展新模式。

（一）“互联网+”推动设计研发绿色化

企业在设计研发环节的绿色制造体现在通过云计算、人工智能等技术，为企业实现绿色设计和智能仿真试验提供软硬件能力支撑，减少前期研发设计环节资源消耗，降低研发高端、复杂绿色产品的专业技术门槛。

1．云服务为仿真设计提供支撑

制造企业通过使用云服务平台搭建虚拟仿真及虚拟装配环境，并结合人工智能技术快速筛选出符合设计目标的最优方案，从而大幅降低企业在研发设计环节的试错次数及成本，消除产品在实际生产前不必要的能耗，提高企业进行产品研发仿真的效率。

例如，航天云网通过搭建私有云平台，为各研发部门进行的设计研发过程提供了虚拟测试环境，由不同部门设计研发的导弹部件可以在虚拟环境中进行装配并仿真测试其发射性能，使用者只需要通过从服务器推送到客户端的软件窗口就可以完成这一过程，大大提高了设计研发效率，避免了不必要的原型机制造，从而达到了绿色制造的效果。东风神龙应用思科提供的3D制图设计云协同服务，贯穿从设计之初到售后支持的全生命周期，实现设计文件、零部件位置、工作参数说明、设备手册和每个区域、机械结构、生产部件的设计与修改由多地设计人员同时在线协作完成，并可进行便利化的设计方案虚拟验证，不仅节约了30%以上的设计环节的耗时，还提升了设计方案的有效性。

2. 通过专业软件优化设计方案

在机加工、3D 打印等领域，部分企业在产品研发初期就通过平台化的专业软件系统，针对制造环节的复杂工艺进行前期优化，优化后的设计方案可以大大降低加工制造时的能耗及材料损耗。例如，比亚迪应用西门子推出的 Simcenter™软件解决方案，实现以设计为中心的自动驾驶电动汽车（AEV）热仿真，帮助电子和汽车设计工程师在设计过程中及早处理关键热变更问题，并利用热设计数据为自动驾驶的安全性和可靠性需求提供支持，生成精确热模型用于预测实际性能，进而降低与创建物理样机和开展广泛测试有关的成本及时间损失。

3. 利用海量数据进行轻量化设计

大数据技术正在被用于优化产品的设计方案，汽车、装备等领域的领军企业开始在产品零部件结构设计阶段利用海量的工程数据进行轻量优化，通过在数字空间中的多次仿真测试，最终在提升产品性能与可靠性的同时，降低产品在制造、运行、回收等环节的能耗，使产品设计富含绿色基因。例如，北汽福田通过数据技术开展整车轻量化设计，同比国内同类客车产品减重 5%～10%，节油 3%～5%，而与此同时结构刚度同比提升 10%以上。广州数控在其工业机器人上也应用了这项技术，将机器人的每个零件都进行严格的数据仿真分析，显著优化了运行能耗。

4. 从全生命周期进行产品设计

企业通过建立大数据知识库，在产品设计前期即从产品用料、产品运维能耗、循环利用难度等环节提供相关的设计方案，综合比对各种方案的优劣，实现产品全生命周期对环境影响的最小化。例如，天津卡达克负责运营的中国汽车材料数据系统（CAMDS）搭建起汽车生产企业各级供应商材料信息数据交互平台，为汽车企业提供基于全产业链材料数据分析的系统化环保服务解决方案。该系统的出现突破了汽车材料绿色属性信息数据匮乏、材料信息数据交互方式复杂等关键问题，对解决汽车行业数据国际通用和企业筛选符合环保要求的材料等难题起到很大作用。

(二)“互联网+”促进生产流程智能化

企业利用物联网、云计算、5G 等技术打造集成能源管理、污染物排放监测等能力的平台，实时监控并优化生产线相关设备参数，提高资源能源利用效率，实现绿色生产。

1. 改造传统设备实现联网

目前，传统制造企业工厂/车间内的装备大部分仍然为非智能装备，这些装备通常还有很长时间的使用寿命，但是因为无法接入网络系统而不能成为新的生产组织模式中的组成单元。部分企业为适应数字化转型需要，主动对传统设备进行升级，使其具备感知和联网能力，进而通过互联网技术提升其智能化、绿色化的生产能力。例如，上海名匠智能针对传统工厂设备老旧，无法适应网络化、智能化生产组织模式的情况，自主研发了一套数据采集系统，实现了生产现场老旧装备的智能化改造，改造后的装备可以通过网络接入企业的网络管理平台，使企业用户通过直观的图表和数据获得实时生产状况，快速实现工业智能化生产。

2. 对生产全流程的能源使用统筹优化

企业在智能化工厂/车间内部署能耗优化管控系统，通过互联网实时监控生产线上各节点的工作状态，并实时优化相关的设备参数，从而优化生产线能耗，并进一步改进优化制造工艺和业务流程，高效、合理地利用能源。例如，阿里巴巴和朗新科技合作开发的节能服务运营平台针对大中型企业用户，以云计算 SaaS 服务的形式为企业用户提供自动化采集、实时监测、分级考核、系统性优化与智能化规划等能源管理服务，不同于其他能源管理系统侧重于监测或优化，该平台覆盖了从前期用能规划、过程监测、后期诊断优化到最终决策控制的闭环能源管理全过程。三一集团实时采集下属所有子公司生产设备运行及能源消耗数据，借助根云平台进行数据的传输、存储、分析与优化；设备互联互通模块实现对设备的电流曲线、用电量、开机率等运行参数的实时监控；能耗管理模块实现对所有能源类型的管控覆盖，涵盖用能单位、次级用能单位和用能设备三级计量体系，实现对能源输配、调度管理、异常处理等的全方位管理，设备升级之后节能减排效果显著。富士康成都厂区通过搭建智能云网制造系统实时监控生产能耗，一旦达到能耗预设范围值或供给故障将及时预警显示，避免因能耗不足或超标导致生产异常或出现生产事故。此外，富士康成都厂区还在废水排放口安装监测设备，实时在线监测，每 10 秒向环保局传输监测数据，并可将数据同步到 Apple 合作伙伴 IPE 网站，以便于公众监督。

3. 实现按需生产，消除库存

企业通过互联网平台能够对生产线上各环节的生产状态进行精准监测和预判，促进各环节之间的协作达到无缝对接，从而保证生产线上在制品零库存，杜绝相关的材料及能耗浪费，最大化提高资源利用效率。例如，杉数科技运用人工智能决策优化手段激发企业生产力，其为某制造商打造的多工厂协同智能生产计划解决方案涉及原材料的采购和分配、生产过程中各工厂间材料的转运与分配、产品需求预测、长短周期结合的生产计划制定等方面，对减少供应链迟滞、提高产能利用率、降低机器空转有很大作用，帮助工厂达到了节能减排、提高产能、降低物料浪费的目的。富士康工厂通过部署边缘计算平台对钨、钴等贵金属废料各项状态指标实施监控和跟踪，再根据不同的需求使废料再生利用，从而做到变废为宝，使贵重金属资源得到更高效、更环保的高价值利用。

4. 建立生产线虚拟仿真系统

企业通过互联网技术实时监测全套系统的运行状态参数，并在虚拟数字空间中对系统进行同步建模仿真，在此基础上对系统的下一步运行状况进行预判，并将实时生成的优化决策方案及时反馈到真实世界的运行系统中，从而实现全系统快速、有效的迭代优化，提升产品的质量并降低生产制造全过程的能耗。例如，智益科技利用物联网技术、人工智能技术、数字孪生技术等，为某企业制订智能工厂解决方案，在搭建的虚拟系统内对生产流程进行高精度仿真，实时监测企业现有生产流程运行状况并利用人工智能技术分析优化，帮助企业实现异常检测、物料自动分拣、多工位物料转运生产等功能。

5. 优化生产环节的流程与工艺

制造企业在生产规划环节利用虚拟现实技术、数字化仿真技术构建数字工厂，通过在虚拟环境中实现工厂布局仿真、工艺规划、机械仿真、装配仿真、物流仿真等，对生产线和工艺物流、人员配置、人机装配过程等进行验证规划、优化评估，从而大幅减少规划变更、工艺调整时的能耗。例如，诚益通不断探索数字化、透明化制药车间的建设、运维和管理模式，采用三维设计软件进行工厂总体设计、工艺流程数字化建模，系统模型采用与生产控制系统相同的数据源，为企业用户带来可视化的预览、三维管线综合、施工图纸深化设计、工程量统计、4D 施工模拟、工厂化预制及现场装配指导等功能，真实还原生产现场状态，从而可构建一个直观的、可视的生产过程和厂区仿真系统。

（三）“互联网+”加速产品运维自动化

企业利用物联网、虚拟现实、大数据等技术实时监测产品运行情况，及时预测风险隐患点，以智能运维为企业节约大量人力成本，提高设备运行效率。

1. 提高现场巡检效率

在传统工业生产制造中，为维护设备安全稳定运行而展开的运维巡检工作量非常巨大，应用虚拟现实技术和机器人成为改进巡检流程、降低运维成本的新方法。部分企业让巡检人员佩戴可触发获取设备实时运行数据、运行状态和台账信息等信息的 AR 眼镜，使用能按设定路线完成自动巡检的巡检机器人等，既提高了巡检效率，又满足了管路巡检、电网巡检等特殊场合的需求。例如，国家电网在陕西汉中应用的智能巡检机器人集运动四驱底盘、无轨化导航等多种高科技技术于一体，同时具备远程控制、自主充电功能，通过自主或遥控方式对变电站设备进行红外监测、故障查找、可见光图像智能判别、设备区域无死角监控、巡检数据分析比对等，有效提高了设备缺陷和故障查找的准确性和及时性，可以在各种恶劣环境下保障供电安全。

2. 开展预测性维护

制造企业通过对智能化装备产品精准建模，使运维人员可在一个高度拟真的数字模型上直观监测设备运行的各项数据，结合大数据分析和人工智能算法分析，提前发现异常情况并进行操作验证，然后将优化过的方案远程推送到设备上，达到节约维护成本、提高能效的效果。例如，中化工业互联网平台聚焦石油化工企业设备维护，搭建的设备智能诊断系统通过振动传感器、高速采集器、边缘网关将动力设备运行时的状态参数采集传输到平台，结合设备机理模型、专家知识库、人工智能算法、大数据等处理分析，判断和预测设备故障状态，将事后补救变成事前预防，减少了维保人员的出勤次数，提高了维保效率。西安水务集团通过建立智慧水务平台，完成供水调度、远程水表控制、管网参数、水厂调度、水质在线监控、二次供水设备、管网巡检、漏失率控制等的动态监控，实现水质、水压、能耗等管网参数的城域化汇集管理功能，为管理人员提出直观的处理结果辅助决策建议，显著提高了系统运维管理水平。TCL 工厂通过全面收集设备和机台数据，并通过机台故障数据分析、多因子全程大数据分析等数据智能手段，有效降低了设备故障次数，提高了设备运维效率，改善了设备状态，极大地降低了企业的设备运维成本。

3. 对智能装备的运维调度

企业利用智能装备产品的感知和联网能力，配合工厂内 5G 网络和工业专线，实现厂区内部按需调度管理各种设备和在危险区域实施远程作业，提升厂区智能物流水平，进而打通各制造环节之间的衔接关系，提高智能装备产品的使用效率。例如，天瑞水泥通过实时数据库实现和 DCS 系统无缝集成，建立系统和上万台生产设备的连接，实现实时自动采集、智能监控与智能分析的集中调度管理系统，将原煤、电的消耗减少 5%以上，节能降耗效果显著。富士康在生产现场部署智能装备的基础上，实现了设备联网上云和智能管理、监控与分析。其智能工厂通过数据采集、车间联网、智能装备、智能产线实现了厂区内多个车间的信息共享、准时配送、协同作业、预测维护，且产品检测和分析、生产物流与生产过程实现闭环集成，显著提升了生产过程的自动化、透明化、可视化、精益化水平。

（四）“互联网+”实现回收利用便捷化

企业利用区块链、物联网等技术对产品零部件从原料采购到废弃物回收再利用的全生命周期管理，推动再生资源利用企业、产品再制造企业和废弃产品的对接，提高产品回收利用效率。

1. 提高余热余压综合利用效率

企业通过物联网技术实时监测企业生产过程的能源资源使用情况，及时感知生产过程中释放出的副产热能、压差能等，并通过智能调度系统及时将余热余压传输到相应能量转换设备中，促进能源回收利用。例如，三菱电机中国分部通过 AnyWire 温湿度传感器和 EcoMonitor 电能监测模块实时收集制造现场的温度、湿度、照明、电压、电流及用电量等方面的数据，结合互联网技术进行数据分析，通过可编程控制器实时控制制造现场各种设备的运行，实现制造现场能源管理的可视化、可分析化、可改善化、可用化，提高能源利用效率，减少能源浪费，从而削减能源使用成本。

2. 建立绿色资源交易平台

制造企业打通绿色资源线下评估和线上推广渠道，通过互联网平台推动实现资源绿色认证、供求智能匹配与信用评价等功能，帮助更多企业获得质优价廉的绿色资源产品。例如，百川资源再生科技聚焦再生纺织品生产，为化解干式着色法彩纱生产存在的供需矛盾及湿式印染工艺存在的环保负担问题，应用互联网技术建立再生彩纱超市，收集全球范围内的订单数据，并将彩纱市场需求与生产端的仓储、生产进行实时对接，实现智能化配送和生产，既可随时满足不同客户对不同规格、品类彩纱的小批量需求，又能满足生产端低成本大批量的生产要求，为再生彩纱推广和废旧塑料的循环利用拓宽道路。

3. 搭建资源回收利用网络

企业利用区块链技术建立包含原材料提供商、产品生产商、产品使用方、回收网点企业、资源再利用企业的回收供应链网络，借助区块链技术透明、不可篡改的特点，刻画产品使用、物流、回收轨迹，帮助解决资源回收利用中的信息不对称问题，提升资源回收利用水平。例如，鞍钢股份汽车钢供应链项目覆盖产品研发、设计、采购、生产、销售、服务、回收等产品全生命周期环节，综合考虑零件制造的输入、输出和资源消耗及对环境的影响，即由原料采集到回收利用的转化过程中的物料流动、资源消耗、废品废料产生、回收再利用等情况，打造汽车零配件绿色供应链系统，促进产品全生命周期绿色发展。

第四章

推进“互联网+”绿色制造持续深入开展

近年来，我国经济进入高质量发展阶段，创新、协调、绿色、开放、共享的新发展理念正在加速替代传统的要素驱动、资源消耗、追求数量理念，以适应经济发展新常态的各项要求。2020 年 9 月，习近平主席在第七十五届联合国大会上郑重宣布“中国将提高国家自主贡献力度，二氧化碳排放力争于 2030 年前达到峰值，争取 2060 年前实现碳中和”。制造业是我国能源消耗规模最大、碳排放量最多的产业之一，在碳中和、碳达峰的大背景下，“互联网+”绿色制造已成为实现“双碳”目标的重要途径，面临时间紧、任务重、问题多等难题，亟须综合运用各类政策手段营造良好的产业发展环境，加快形成各方合力，有效利用“互联网+”融合创新技术、产品与模式，从供给端发力，通过在研发、生产、供应、服务等环节的渗透提高企业生产效率，降低企业成本，持续推动制造业全面绿色化转型。

一、我国发展“互联网+”绿色制造面临的主要问题

新中国成立以来，我国工业发展在很大程度上依靠粗放的要素驱动型生产模式，在实现了快速发展，建立起完备的工业体系，我国成为全球产值最高、门类最齐全的世界第一制造大国的同时，也伴随着巨大的资源消耗和严峻的环境污染。近年来，在产业界的不断探索实践中，我国制造业增长方式已由要素驱动的粗放型增长转向了创新驱动的集约型增长，“互联网+”绿色制造融合发展已经取得了明显成效。但与西方发达国家相比，我国存在工业化起步时间短、资本积累少、创新能力弱等问题，在新一轮科技革命和产业变革的背景之下，这些问题也映射到了“互联网+”绿色制造的发展中，突出表现为数字化基础薄弱、市场主体竞争力不强、各类资源要素支撑不足、

产业生态不完备等现实问题。

（一）"互联网+"绿色制造的数字化基础仍然薄弱

1. 数字化基础设施建设水平仍需提升

与国际相比，我国 5G、大数据中心、工业互联网等新型基础设施的建设水平具有一定的先发优势，但与支撑产业发展的要求还有不小差距。5G 是"互联网+"绿色制造的新引擎，具备低时延、高带宽、高网速等特性。截至 2021 年 3 月底，我国已建成 5G 基站 81.9 万个，占全球 5G 基站总数的 70%以上，5G 终端接入设备超过 2.8 亿台。与国际相比，我国在 5G 的部署方面全球领先，但由于 5G 网络采取的是超高频信号，要求 5G 基站拥有更高的密集度，未来数量可能是 4G 基站数量的 4～5 倍，而目前距离这一目标还有较大的差距①。数据中心是"互联网+"绿色制造的主要平台，应满足高电力、高效率、高稳定性的服务标准。截至 2019 年年底，我国在用数据中心机架总规模达到 315 万架，其中大型以上数据中心已经超过 250 个，机架规模达到 237 万架，占比超过 70%②。但是，数据中心本身存在的能耗过高、同质化严重、地域布局不均衡等问题也日益凸显，需要积极妥善地应对。工业互联网是实现"互联网+"绿色制造的重要路径，通过实现全产业链、全价值链的连接，以数据流带动技术流、现金流、人才流。截至 2021 年 3 月，高质量外网覆盖全国 300 多个城市，连接超过 18 万家工业企业，标识解析基础设施已上线二级节点 113 个，重点平台数量接近 100 个，已覆盖 41 个国民经济大类。但工业互联网的应用推广普及水平和典型应用场景仍然有待进一步提升。

2. 制造业整体的数字化水平仍有欠缺

很多企业尤其是中小企业整体的数字化水平有所欠缺，导致"互联网+"绿色制造融合发展的基础较弱。我国制造业整体的数字化基础仍然较为薄弱，工业 1.0、工业 2.0、工业 3.0 并存，2018 年，我国制造业企业的数字化设备联网率仅为 39%、MES 普及率只有 18.1%，在我国占比超过 85%的规模

① https://tele.ofweek.com/2021-05/ART-8320501-8120-30499839.html。

② 数据来源：《新基建系列之 2020 年中国城市数据中心发展指数报告》，36 氪，2021 年 4 月，第 11 页。

以下（年主营业务收入 2000 万元以下）的工业企业中，设备自动化水平、设备联网率、工业软件普及率更低[①]，很多中小企业甚至不具备最基本的信息化能力，通过数字技术开展绿色产品设计研发，促进节能降耗和回收利用等方面的能力不足。

3. 关键技术标准产品的可控能力不强

当前我国高新技术产业仍处于大而不强的境地，核心技术仍然掌握在别人手中，在国际竞争加剧、全球单边主义盛行的当下，"卡脖子"问题成为亟须解决的重点问题，对信息技术与传统制造业尤其是绿色制造的融合产生了不利的影响。从"硬"的方面看，工业机器人、自动化生产设备、工业芯片、工业软件等先进软硬件设备通常是产业界开展绿色制造的关键工具，但这些领域的高端应用市场仍然是我国产业界的巨大短板，严重依赖进口。2020 年，我国进口集成电路 5435 亿块，比上年增长 22.1%，累计总金额高达 2.42 万亿元[②]，成为进口产品中最大宗的商品。此外，我国近 100%的中高端传感器依赖进口，重点行业的国外研发软件占比近 90%，在仪器仪表、汽车及设备关键零部件等关键领域也面临相似问题。从"软"的方面看，国际巨头企业在"互联网+"绿色制造的布局早、话语权大，并形成了较高的技术门槛，我国企业在一些领域很难突破。例如，制造业网络技术体系相对比较封闭，主流技术、标准、产业均由欧美企业主导，我国想要突破极为不易。

4. 科技创新对绿色制造发展的带动作用不显著

事实上，这也是我国创新发展长期存在的问题。一方面，原始创新和集成创新比重偏低，有重大影响力的标志性原创成果仍显不足，难以满足依靠科技创新实现产业转型升级和塑造引领型发展的需求。根据国家知识产权局发布的数据，截至 2020 年年底，我国国内（不含港澳台）每万人口发明专利拥有量为 15.8 件，虽然超额完成"十三五"国家知识产权保护和运用规划预期目标，但距离发达国家仍然差距明显。公开数据显示，2017 年该项数据日本已经达到了 129.1 件，美国为 43.5 件，我国的差距仍然非常明显。另一方面，科技创新资源利用效率较低，在传统创新模式下，各创新主体拥有的

① 资料来源：《2018 年中国制造业痛点分析报告》。
② 数据来源：《中华人民共和国 2020 年国民经济和社会发展统计公报》。

研发能力、科研设施等呈封闭分布，创新资源趋于碎片化、分散化，缺乏对外部创新资源的整合，使创新性效率始终难以提高。以科研仪器的使用为例，目前我国 65.9%的仪器年有效工作机时小于标准机时，其中又有 60.8%的仪器年有效工作机时不到标准机时的一半。

（二）“互联网+”绿色制造的融合应用能力有所欠缺

1．“互联网+”绿色制造的市场需求尚不旺盛

自 2009 年广东率先开展“推动绿色制造，提升广东家电产品质量促进出口示范项目试点”以来，我国制造业的绿色发展大体上沿着两条路径向前推进：一是聚焦钢铁、水泥等过剩行业，通过技术改造、兼并重组等手段，在去除过剩产能的同时，也实现了环境优化的目标；二是通过大力推动传统制造业与新一代信息技术的融合发展，促进制造业实现降本提质增效的多重目标，进而满足绿色发展要求。不难发现，政府在其中都发挥了十分重要的作用，充分体现了我国集中力量办大事的制度优势，但也凸显了另一个问题，即我国产业界尚未自发形成“互联网+”绿色制造的旺盛需求。一方面，能够满足融合应用需求的有效供给明显不足，率先开展“互联网+”绿色制造路径探索的企业难以将其成功经验转化为高效的解决方案，市场中本身能够提供绿色化转型的解决方案集成商也明显不足，无法为广大企业提供专业化的咨询服务。另一方面，终端的消费市场对于使用“互联网+”绿色制造产品并没有形成“共识”，由于绿色制造产品的成本相对较高，因此多数消费者在选择相关产品时并不以是否“绿色”为主要准则，这也造成了“互联网+”绿色制造尚未形成规模化的市场。

2．龙头企业的市场引领能力仍然有所欠缺

在技术创新能力方面，我国龙头企业作为研发投入主力军的作用并没有得到很好的发挥，工业企业的研发投入水平与国际巨头相比还存在不小的差距。根据欧盟 2020 年发布的《世界 2500 强企业研发投入记分牌》的相关数据，在全球研发投入前 100 强中，我国仅有 10 家企业上榜，制造企业仅有华为、上汽集团、中兴三家[①]。而美国有 35 家企业上榜，其中包括福特汽车、通用电

① 此处仅比较汽车及零部件、技术硬件及设备两大类，因为中美两国以此类制造企业为主。

气等 10 余家知名的制造巨头企业。而从投入金额看，2019 年，我国三家制造企业的研发投入约为 202.5 亿欧元，其中仅华为一家的研发投入就占据了 82.5%，而美国相关巨头企业的研发投入合计约为 670 亿欧元，且巨头企业间的研发投入差别并不大。进入全球研发投入前 100 位的中、美、日、德四国制造企业如表 1-4-1 所示。在产业链带动能力方面，龙头企业对于促进大中小企业融通发展的带动水平需要持续加强。“互联网+”绿色制造涉及制造业中的各部门，很多行业的产业链条长、涉及面广，本身具有很强的带动性。以汽车产业为例，每辆汽车大概有上万个零部件，每家企业都有几百家一级供应商及上千家二、三级供应商[①]。从目前我国企业的实践来看，大企业由于在技术、人才、资金等方面的综合优势，是我国“互联网+”绿色制造的先行者和引领者，但对很多中小企业的带动能力不强。很多中小企业自身的管理制度建设不健全，缺乏专门针对“互联网+”绿色制造的发展战略、平台建设等的清晰规划和大量的跨部门协作，这也导致很多中小企业在进入相关供应链时，缺乏绿色化的标准和要求。还有一些大企业在打造绿色供应链的过程中没有建立起健全的激励机制和利益分配机制，导致很多处于中下游的中小企业在推进“互联网+”绿色制造的过程中热情难以被广泛调动。

表 1-4-1　进入全球研发投入前 100 位的中、美、日、德四国制造企业

中国	美国	日本	德国
华为	苹果	丰田	大众
上汽集团	英特尔	本田	戴姆勒
中兴	福特汽车	尼桑	宝马
	通用电气	电装	博世
	思科系统	佳能	大陆集团
	高通	日立	采埃孚
	戴尔	三菱电机	
	博通	爱信精机	
	英伟达		
	美光		
	西部数据		
	应用材料公司		

资料来源：《世界 2500 强企业研发投入记分牌》，作者整理。

① https://baijiahao.baidu.com/s?id=1667251061979325641&wfr=spider&for=pc。

3. 企业推进“互联网+”绿色制造发展的意愿不足

在我国，很多企业尤其是中小企业，在面对“互联网+”绿色制造时，往往存在“不想用、不会用、不敢用”等多重问题。正如上文中提到的，我国很多龙头企业已经在“互联网+”绿色制造领域开展了很多积极的探索，但这往往都是以较为丰富的行业经验、较强的信息化水平和较丰富的资源支撑为基础的，使得这些商业模式或解决方案在应用过程中本身就有较高的门槛，无法复制到行业内广大的中小企业。对于很多中小企业来说，在没有探明成功的融合路径或商业模式和缺乏有针对性的解决方案之前，多数企业都不愿意成为“第一个吃螃蟹的人”，尽管国家通过多种政策举措大力推动绿色发展，但多数企业仍是浅尝辄止，不愿意付出巨大的成本进入未知领域探索，即便一些企业已经开展了相关实践，仍然不具备实施更高层次的绿色化、生态化融合创新应用的能力。

（三）“互联网+”绿色制造的关键要素资源保障水平不足

数据资源未能有效利用。数字经济时代，数据作为新型的生产要素之一，在企业生产、运营等全流程的节能降耗优化过程中都起着重要的作用。2019年，我国数据产量总规模为3.9ZB，占全球数据总产量的9.3%，居世界第二位[①]。尽管我国数据总量庞大，但多数企业对数据要素的开发应用程度存在较大不足。一方面，数据标准体系建设水平相对滞后，企业间数据互联互通不通畅。经过多年的发展，我国制造业在实际的生产经营活动中面临多种工业终端设备、多种网络及围绕企业生产管理的 ERP、MES、CAD、SCM 等多种应用，形成了多种设备与网络、协议与标准并存的局面，数据协议众多、数据接口分散、数据连接能力弱、数据流通环节缺乏统一标准等诸多问题广泛存在，导致企业间甚至是企业内部各生产环节之间互联互通存在不小困难。“互联网+”绿色制造对企业数据要素支撑能力具有较高要求，需要企业能够实时、高效地获取、监测关键工业基础数据并进行分析处理，但当前，多数企业缺乏对资源消耗、能源消耗、污染物排放等关键工业基础数据的获取和监测能力，利用“互联网+”技术对企业设备进行数字化、精细化管理

① 资料来源：中国信息通信研究院联合中国网络空间研究院发布的《国家数据资源调查报告（2020）》。

等存在诸多障碍，缺乏大数据分析优化能力，未能有效发挥数据这一关键生产要素在绿色制造中的作用。另一方面，企业对生产运营管理数据的应用场景挖掘不够，多数企业对于数据作为新型生产要素如何发挥作用存在疑虑。事实上，对于如何将数据资产化并进行相关交易，是我国各行业甚至是全球企业在挖掘数据价值和潜力时遇到的共性问题。根据中国信息通信研究院发布的《数据资产化：数据资产确认与会计计量研究报告（2020 年）》，在 A 股上市企业中，通过对其年报进行分析，仅有不到 3%的企业提及了数据作为资产的重要性并能够有效发挥其作用，若考虑更广大中小型企业，这个比例会更低。后疫情时代，数字化转型进程的加快使得企业对于数据重要性的认识有了不小的提升，但在如何高效应用相关数据的过程中遇到了困难。在"互联网+"绿色制造的推进过程中，多数企业即使意识到了数据的重要性，但由于数字化基础薄弱，很多制造业企业难以有效获取、采集、存储生产经营数据，即使能够获取数据，很多时候数据质量也较差。

（四）"互联网+"绿色制造的产业生态体系尚不完善

与发达国家多年的发展积淀相比，我国"互联网+"绿色制造产业生态还有待健全。一方面，我国工业模型和数据应用总体梳理较少，虽然其中有相当一部分比例聚焦在能耗优化、故障诊断等促进企业绿色发展的领域，但总体数量和质量与国外相比仍存在较大差距。波音基于数十年工艺积累开发出 7000 多款实用工业 App，西门子更是能提供 23 万个工业 App 应用，是我国 App 总量的 4 倍多，且应用价值远高于我国水平。从需求侧看，我国"互联网+"绿色制造目前仍然处在以政策驱动为主、企业主动为辅的发展阶段，尚未形成可持续的发展能力。另一方面，我国缺少生态构建能力强、全球影响力大的产业联盟、产业组织等载体，这也导致我国企业在推动"互联网+"绿色制造的过程中，往往依靠自身的力量，很难形成"团体作战"的能力，不仅较难形成"伙伴赋能"的全局化发展能力，在国际规则和标准制定的过程中也处于相对劣势。此外，我国"互联网+"绿色制造的公共平台能力建设也存在不足。

二、我国发展"互联网+"绿色制造的重要方向

面对我国现阶段制造业粗放发展难以为继的现实问题和全面推进"互联

网+"绿色制造的诸多挑战，在"碳达峰、碳中和"的大背景之下，需要牢固树立并贯彻创新、协调、绿色、开放、共享的发展理念，坚持目标导向、问题导向、结果导向，以制造业与互联网深度融合为主线，聚焦绿色制造、绿色工厂、绿色公共服务平台和产业监测体系，促进"互联网+"绿色制造产业加快发展，推动中国制造向绿色化方向转型升级。

（一）"互联网+"绿色制造设计研发

绿色设计是按照减量化、再利用、再循环"3R"原则开展的环境友好型设计，从产品设计开始就考虑全生命周期过程的环境影响。为切实实现绿色设计，充分发挥互联网平台和技术的作用，可从以下三个方面入手开展工作。**一是着力推广促进优化设计的专业设计软件。**支持发展网络化、平台化、开放化的研发设计软件，促进多个细分领域绿色制造设计方案专家知识库的整合，加强绿色制造方案与生产设备的无缝对接，提升从设计方案到产品的转化率，降低产品生产过程中产生的废料及能耗。**二是大力发展基于云服务平台的研发测试模式。**支持互联网企业、数据中心面向多个制造业细分领域提供专业软件服务，支持制造企业通过云平台开展大型装备的在线虚拟化研发、装配与仿真测试，由此大幅降低企业开展研发工作过程中因样机试制及测试而产生的资源消耗。**三是着力建设绿色设计信息数据库和知识库共享平台。**分行业、分领域收集绿色设计所需的基础数据和较成熟的绿色设计技术方案，并搭建平台向全社会公开发布相关信息，促进绿色设计资源的开放共享。

（二）"互联网+"绿色制造工厂

以智能工厂/智能车间为核心的制造环节是促进绿色制造的关键领域，可从以下五个方面入手。**一是支持制造企业对老旧设备的在役再制造升级。**针对传统工厂/车间中老旧制造装备能耗高、效率低的问题，支持企业对这些装备开展网络化、智能化升级，加快将老旧制造装备整合到智能化生产体系中的进程。**二是支持建设智能工厂/车间的优化调度网络平台。**支持企业将工厂/车间内的变频器、IGBT（绝缘栅双极型晶体管）模块、工业机器人、VGA等智能化设备统一接入网络化平台进行优化调度管理，提高这些智能设备相互协作的运行效率，达到整体能耗的最优化。**三是加快推广虚拟制造、在线仿真等新技术应用。**支持装备制造、建材加工等行业通过部署网络化传感器，对生产全过程实现实时精准感知，并在此基础上对生产系统进行精准建模，从而实现对生产系统工作状态的快速决策及维护时间的精确预判，全面提高企业运维效率和生产系统能效。**四是加快提升工厂内智能物流能力。**支持企业通过互联网平台打通各制造环节之间的衔接关系，并以此为支撑消除工厂内在制品的闲置时间，促进在制品零库存。**五是加强能源回收管理与调度。**针对电力、冶金、化工、建材等行业，鼓励企业通过互联网技术感知生产过程中释放出的复产热能、压差能，形成网络化的决策调度系统，促进能源的回收与再利用。

（三）“互联网+”绿色制造公共服务平台

绿色制造公共服务平台是面向全行业提供服务，帮助制造企业全面节能降耗的有力支撑，可重点支持发展以下四类平台。**一是支撑制造行业实现绿色制造转型的云服务平台。**鼓励互联网、ICT企业基于云平台为制造企业提供远程设备信息采集、软件优化决策、节能项目管理等服务，自动匹配、判断、识别异常能耗现象，促进企业提升能耗效果。**二是绿色资源在线购销平台。**集中资源支持打造一批分行业的绿色资源在线购销平台，利用区块链技术打通绿色资源线下评估、溯源与线上推广渠道，并逐步推动实现资源绿色认证、供求智能匹配与信用评价，加快建立形成多元共享的互联网+再制造、互联网+回收、互联网+服务等覆盖产品全生命周期的绿色循环体系。**三是制造装备共享平台。**在绿色制造领域引入共享经济理念与模式，优先支持建设一批绿色技术装备共享平台，推动工程机械、精密机床、3D打印机等制造装备的异地共享。**四是绿色制造技术知识共享平台。**基于互联网平台加快干式切削、余能回收、材料再用、材料分离分类等绿色制造技术知识产权的开放共享，促进先进的绿色制造技术与模式快速扩散。

（四）“互联网+”绿色制造监测体系

在建立完善绿色制造标准体系的基础上，应用物联网、大数据等技术加快构建绿色制造全生命周期监测体系。可从以下三个方面重点构建监测体系。**一是加强绿色资源监测。**重点监测原材料生产的能源资源消耗、环境污染水平，以及原材料本身的耐用、环保等关键指标，纳入产品绿色制造水平评估体系。**二是加强绿色生产监测。**通过加装各类传感器，形成产品生产工艺、生产过程的绿色化智能监测网络，重点监测生产过程能耗、水耗、原材料消耗等强度，废水、废气、废渣排放强度，以及各类能源资源综合利用水平，通过智能监测推动生产工艺与过程的优化改进，实现绿色制造的持续演进。**三是加强绿色产品监测。**通过区块链、二维码、RFID 等技术对产品零部件进行身份标识，重点加强产品使用的安全、寿命、稳定性、能耗、水耗等水平，以及产品报废回收再制造、再循环水平。在绿色制造全生命周期监测体系的基础上，逐渐推行产品环境足迹标识制度，构建覆盖材料、生产、运输、消费、回收等环境足迹的标识解析体系。

三、我国发展“互联网+”绿色制造的政策着力点

回顾“十三五”，我国“互联网+”绿色制造取得了诸多发展成效，“十四五”时期，在“碳中和、碳达峰”的背景之下，“互联网+”绿色制造也将迎来更加广阔的市场空间和新的发展机遇。针对前期积累的老问题和可能出现的新问题，应积极发挥我国集中力量办大事的制度优势和超大规模的市场优势，不断营造有序发展环境、夯实数字化基础、提升融合应用能力、强化要素保障水平、完善产业发展生态，着力破除制约融合发展的桎梏，推动“互联网+”制造业绿色化转型向纵深发展。

（一）持续营造良好的政策环境

着力构建“互联网+”绿色制造发展政策体系，持续完善制度环境。按照《中华人民共和国国民经济和社会发展第十四个五年规划纲要》相关要求，持续完善“互联网+”绿色制造顶层设计，加速对空白领域的政策规划和制度设计进行完善。对已有政策目标进行不断的调整完善，确保相关政策与国家发展战略目标的高度一致性。

多措并举规范发展秩序，引导市场健康有序成长。强化环境保护、资源节约等相关法规约束，严格节能监察和环境监管执法，营造公平竞争环境。开展“互联网+”绿色制造融合创新型产品的检测认证服务，建立“互联网+”绿色制造从基础研究、技术开发、试验示范到检测认证全过程的试验能力开放共享机制，提高新型“互联网+”绿色制造产品的可靠性与安全风险防范能力，加快产品的研发周期与迭代更新速度。鼓励行业主管部门利用互联网平台开展制造业耗材、耗电、耗能，以及材料、能源再回收再利用数据监测，定期对行业建立绿色制造能力进行监测评估，适时指导企业进一步开展“互联网+”绿色制造能力建设。

（二）持续夯实数字化基础水平

继续加快数字基础设施建设。按照相关领域的规划持续开展 5G、大数据中心、工业互联网等数字基础设施的建设推进工作，并将碳排放目标纳入相关工作的考核范围之中，加快形成规模化的发展态势，为“互联网+”绿色制造提供关键的基础设施支撑能力。支持鼓励企业利用新型的通信、网络等技术，对企业内部进行数字化改造，并通过优化内部管理流程和组织架构等，加快实现数字化转型目标，提升信息化、数字化、智能化发展水平。

增强产业链供应链可控水平。全面梳理“互联网+”绿色制造涉及的相关产业链及可能存在的短板，以产业基础再造工程为重要抓手，聚焦“互联网+”绿色制造产业薄弱环节，开展关键技术和产品的工程化攻关。支持龙头企业做优做强，培育一批具有生态主导能力的产业链“链主”企业，鼓励企业优化管理模式、创新利益分配机制，带动中小企业进行绿色化转型，促进大中小企业融通发展。

着力提升技术创新引领能力。支持遴选一批绿色制造基础和前沿技术，加强产学研协同合作，面向绿色制造急需的重大关键技术、原材料、工艺、系统等开展集中攻关。加大绿色制造相关技术和产品研发的资金支持，通过国家重大科技专项、成立创新科技中心和绿色制造工程中心等方式推动先进互联网技术与绿色制造技术的融合创新。通过支持在重点行业和领域建立一批优势突出的“互联网+”绿色制造众包、众创、众筹、众扶等平台，集聚利用全球绿色制造技术与人才，加快新技术、新产品、新模式的跨越式发展。

（三）着力提升融合应用能力

着力培育市场应用需求。在加快建立完善绿色设计、绿色制造、绿色产品与服务等动态标准体系的基础上，同步研究制定绿色产品目录、绿色制造企业目录、绿色设计与服务企业目录，指导企业有序部署配置“互联网+”应用系统。配套实施绿色制造产品政府采购办法，鼓励在各类政府工程、PPP模式中采购绿色制造原料和产品。利用互联网多渠道、多平台宣传推广绿色制造产品优势，推动越来越多的消费者认可并采购绿色制造产品。

持续激发企业发展内生动力。鼓励有能力的企业在深入理解“碳达峰、碳中和”目标的基础上，将可持续发展纳入“一把手工程”，由企业一把手直接负责，制定相关的发展战略、进行顶层规划等，从组织、文化、人才等各层面引导企业绿色化发展和低碳化发展。大力支持绿色设计、绿色原料、绿色生产、绿色工艺等的创新和推广应用，通过试点示范、重大工程等方式支持绿色制造先行技术和企业加快发展。加快建立分行业产品设计、生产、运输、消费、回收等全生命周期的绿色足迹监测体系，持续提升并强制推行每个环节的绿色环保标准，倒逼企业加快向绿色制造方向演进。

加快推动重点行业的应用发展。优先选择高耗能行业开展“互联网+”绿色制造试点，探索利用物联网、大数据、云计算等先进互联网技术提升绿色制造水平、生产绿色产品的新路径，在模式成熟的基础上向全行业推广应用。在工业锅炉等能源利用、余热余压回收利用等领域，应用物联网、大数据等先进互联网技术优化提升能源资源利用水平，探索将云计算、物联网、智能工业机器人、3D 打印等先进技术与制造技术高度集成，实现虚拟设计、智能排产、智能诊断等减少资源消耗、提升生产效率水平的新模式、新业态。

（四）不断提升要素保障水平

建立支持“互联网+”绿色制造的多元化资金支持渠道。充分发挥财政资金的引导作用。丰富财政资金的投入方式，利用有限的财政资金设立绿色制造基金，撬动无限的社会资本投资绿色制造，以便充分发挥财政资金的引导作用、扩大财政资金的作用范围、提升财政资金对绿色制造的支持效果。提升对从事绿色制造企业研发环节的财政补贴比例，提高相关企业研发活动水平。加大研发回收环节的资金投入，需要政府投入更多的资金弥补回收短板。灵活调整财税支持政策，继续落实高新技术企业所得税优惠、研发费加计扣除等税收优惠政策，激励民间对“互联网+”绿色制造的投资和实践。支持有能力的地方或企业成立产业发展引导基金，支持“互联网+”绿色制造企业做大做强。进一步完善资本市场的融资和再融资机制，鼓励有能力的企业通过科创板、创业板上市，发行绿色债券等，充盈企业发展资本。

大力培养具备综合能力的相关人才。加强“互联网+”绿色制造人才需求预测，联合各级智库及求职平台，加强对近年绿色制造领域职业供需的研究，建立预测模型科学预测绿色制造人才需求；动态发布绿色制造岗位需求信息，支撑绿色制造人才政策的科学编制与精准实施。规范“互联网+”绿色制造人才培养方式，制定岗位能力要求并发布人才职业能力标准，建立碳管理、绿色设计、环保技术、环境咨询与技术服务等细分岗位的认证体系。丰富“互联网+”绿色制造人才培养途径，鼓励绿色标杆企业参与高校“新工科”建设，积极推进绿色制造职业教育和培训，支持更多企业和职业院所将绿色制造纳入职业培训范围，鼓励有能力的企业通过建设实训基地等加强针对性培训，完成技能转换。

着力培育数据要素市场，激发数据要素活力。加快完善数据治理相关的法律法规，加快数据确权、流转、共享、安全等相关领域的制度建设，指导和监管行业及组织的数据治理，为发挥数据价值奠定良好的法律法规基础。积极、稳妥地开展行业层面的数据要素市场的分级分类管理，支持产学研用多方协同，研究制定并执行各行业内的数据流通、交易等环节的行业规范、协议标准等，并探索在各行业内开展数据要素价值评价评估，探索建立规范化的数据要素价值评估体系。引导企业建立健全企业内部数据管理机制，通过订立商业合同、建立共赢生态等途径提高与产业链上下游企业的数据共享水平，积极拓展相关数据的典型应用场景和开发相关解决方案，提升数据应用水平。

（五）加快完善产业生态体系

加快培育能够提供集成解决方案的供应商，在重点行业支持一批具有人才、技术、资金等优势的企业，集聚整合各领域的“互联网+”绿色制造技术、管理与模式，推动形成解决绿色设计、绿色制造、绿色消费、绿色回收与处理等全生命周期问题的综合服务提供商，面向各行业、各领域提供“互联网+”绿色制造综合服务。

支持产业联盟、行业组织做大做强，鼓励联盟内企业通过共建测试床、共享应用案例等建立风险共担、利益共享的合作机制，支持企业以碳达峰、碳中和为目标，充分借助外部力量强化协同能力，快速提升企业绿色化发展能力。

以企业或产业组织为主体，加强与国际相关机构和组织的交流及沟通，在关键标准研制、技术专利研发、最佳实践共享等领域加强合作，在提升我国企业“团体战”能力的同时，提升我国在“互联网+”绿色制造领域的国际影响力、知名度和话语权。

下篇

产业探索与实践

案例一

装备行业："根云平台"在装备制造行业绿色工厂建设实践

一、基本情况

（一）企业概况

三一集团有限公司（以下简称三一集团）是一家总部设于中国湖南长沙的跨国集团，公司创建于 1989 年，旗下拥有三一重工、三一国际两家上市公司，同时拥有三一港机、三一海洋重工、三一重能等未上市公司。目前，三一集团在中国的长沙、北京、上海、沈阳、昆山、乌鲁木齐、娄底等地建有产业园，在印度、美国、德国、巴西等国家建有研发制造中心，业务覆盖全球 100 多个国家和地区。

三一集团是以"工程机械"为主体业务的装备制造业企业，主导产品为混凝土机械、筑路机械、挖掘机械、桩工机械、起重机械、港口机械、风电设备等全系列产品，其中混凝土机械、挖掘机械、桩工机械、履带起重机械、港口机械为中国第一品牌，混凝土泵车全面取代进口，且连续多年产销量居全球第一位，挖掘机械一举打破外资品牌长期垄断的格局，实现中国市场占有率第一位。三一集团机械装备制造绿色工厂如图 2-1-1 所示。

（二）项目概况

装备制造行业绿色工厂建设项目以三一集团为对象，应用根云工业互联网平台构建全生产流程数字化管控的高效节能工厂。利用智能仪表、智能网关、统一运营平台、云端可视化工具、大数据分析等信息通信新技术，将互联网与装备制造业深度融合，创造新的发展生态。

图 2-1-1　三一集团机械装备制造绿色工厂

绿色工厂建设综合考虑环境影响和资源利用效率，实现了三一集团下属所有子公司生产设备运行及能源消耗数据实时采集，借助根云平台进行数据的传输、存储、分析与优化。在设备互联互通方面，实现对设备的电流曲线、用电量、开机率等运行参数实时监控，并通过对机器数据的分析，优化焊接、机加、下料等各环节的生产工艺和工艺参数，缩短工件生产工时，提高设备利用率，提升产品质量。在能耗管理方面，实现对所有能源类型管控覆盖，涵盖用能单位、次级用能单位和用能设备三级计量体系，实现对能源输配、调度管理、异常处理等的全方位管理，以最先进的手段、最高效的体制、最完备的信息实现节能减排的目标。

通过该项目最终建成一个基于互联数据的装备制造绿色工厂，结合大数据分析和软件应用，激发生产力、降低能耗、推动产业升级，实现了可复制、可推广的“互联网+”绿色制造样板示范。

二、主要做法

（一）实施背景

为承接工业 4.0、智能制造战略，实现三一集团数字化、智能化转型的目标，三一集团决定将下属各子公司打造成世界级数字工厂，实现产业转型升级。通过开展技术创新及系统优化，将绿色生产理念贯穿于产品全生命周期，实现环境影响最小、资源能源利用率最高的目标，构建服务驱动型的新工业生态体系。

（二）建设目标

通过建设绿色工厂，三一集团对车间上万台设备进行全面互联，完善数据采集的广度、深度及频次，为生产管理分析提供数据支撑，构建工业大数据平台，深化大数据应用，优化资源配置效率，促使企业向绿色智能制造转型。

当前，三一集团对于能源管理的粒度较为粗放，年度能源费用超过 10 亿元。因此，三一集团期望通过能源计划、能源监控、能源消费分析、重点能耗设备管理等多种手段提升能源管理水平，将企业的能源消费计划任务分解到各个生产部门车间，明确节能工作责任，促进企业绿色、健康、稳定发展。在建设绿色工厂、提升企业管理水平的同时，三一集团期望将绿色生产的工艺经验、管理经验沉淀固化为产品，并向行业其他企业输出知识服务。

（三）建设思路

以用户为中心，深入调研企业生产现状，制订满足客户需求的整体解决方案，将关键用户纳入项目建设过程并持续改善实施效果。将绿色制造与互联网深度融合，打造数据驱动的智慧化数字能源平台，发现问题并针对性地解决问题，推动管理节能、技术节能，用数据智能提升企业用能质量。三一集团绿色工厂建设思路如图 2-1-2 所示。

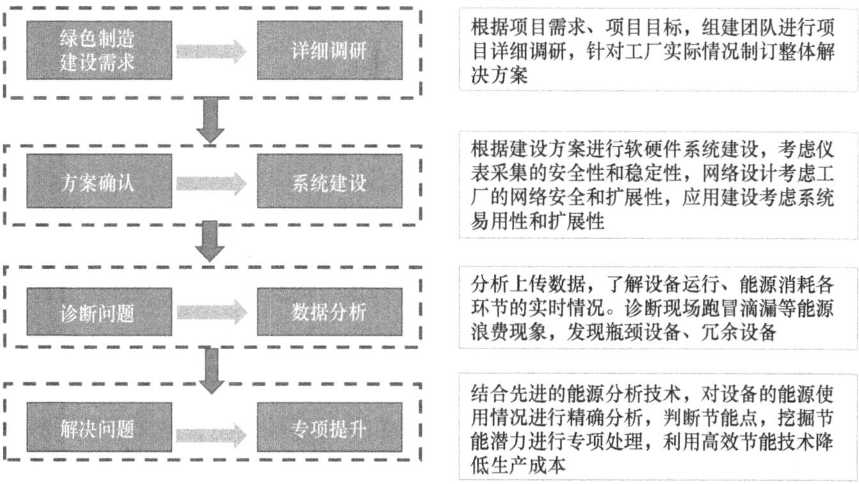

图 2-1-2　三一集团绿色工厂建设思路

（四）实施路径与方法

三一集团绿色工厂建设方案如图 2-1-3 所示。

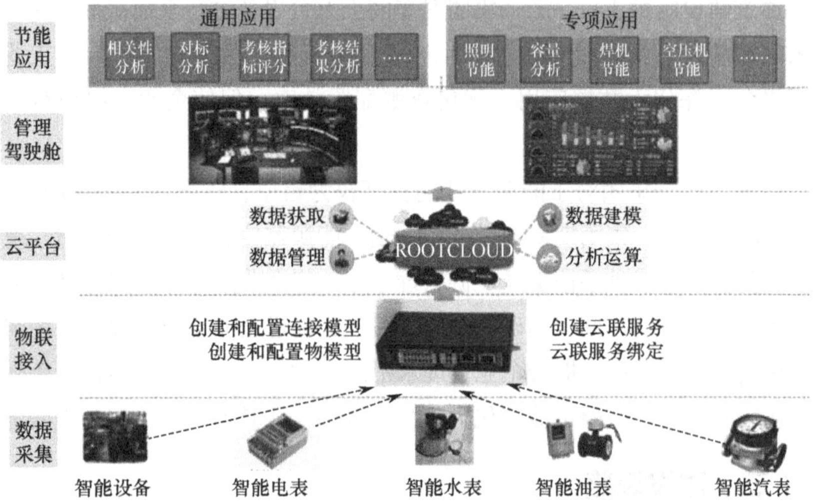

图 2-1-3　三一集团绿色工厂建设方案

1. 数据采集

数据采集互联互通建设具体流程为：收集现场设备和仪表并接入清单，确定智能仪表安装方案、施工规范和施工计划；进行工业网络建设规划，考虑网络节点规模、传输介质、传输速率等因素；根据建设方案进行仪表选型，考虑未来网络演进的兼容及与业务发展方面的兼容；实施人员和现场工艺人员及操作人员按照既定预计停机时间安装智能仪表。

2. 物联接入

基于根云统一运营平台，提供物联网应用所需的基础数据一站式接入管理与服务。通过快速接入设备、获取设备数据、创建管理模型、存储管理信息等方式，"多快好省"地实现数据互联互通。工业互联网网关接入具体特征如图 2-1-4 所示。

工业互联网网关具体功能包括：创建和配置连接模型，定义采集设备类型、控制器、采集点；创建和配置物模型，通过物理世界与数字世界的虚拟映射关系，将复杂工业设备具象为层次化的数字模块，定义相应的指标和特性；创建云联服务，使用根云盒或自由网关绑定云联服务；将设备、模型和平台进行快速绑定，保障仪表数据采集的准确性和传输的稳定性。

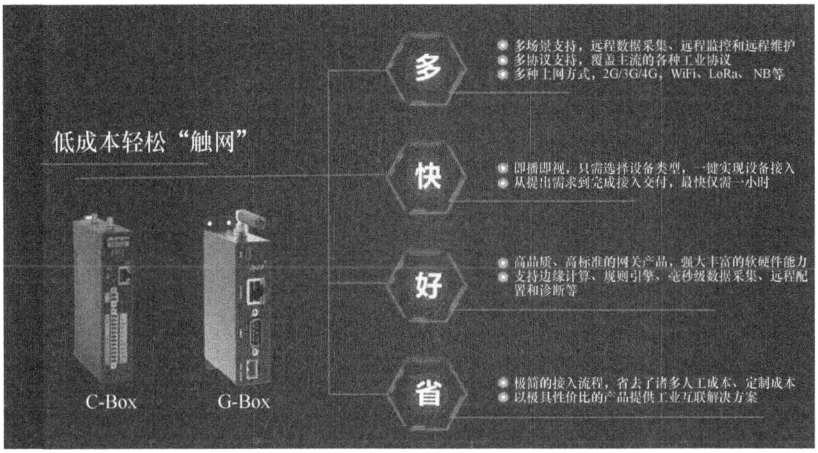

图 2-1-4　工业互联网网关接入具体特征

3．云平台&数据处理

通过云数字化接口（IoT-Hub）实现采集数据接入云平台，将根云平台作为企业用能管理统一入口，在云平台进行数据的计算、存储和管理，为数据金矿提供仓储和处理能力。

对企业使用的电能、汽能及水资源等多种能源进行集中处理，按照能耗区域、车间、生产线、设备等维度统计计量能源消费量及综合能耗量，以由总到分、由表及里、层层递进的逻辑计算企业用能数据、用能费用、用能指标等企业用能情况。

4．管理驾驶舱&节能报告

三一集团管理驾驶舱流程结构如图 2-1-5 所示。基于完整的体系架构梳理设备运行指标、能源管理指标，利用云视界快速定义管理驾驶舱，实现对企业生产的透明化、精细化管理，对大数据进行挖掘分析及实时数据呈现，确保管理驾驶舱 360 度无遗漏。

根据企业设备运行情况及能源消耗情况，出具诊断分析评估报告，管理人员通过该报告能了解企业整体用能健康状况，可以及时发现瓶颈设备、不合理用能、能耗超标等异常情况，提升企业节能空间。

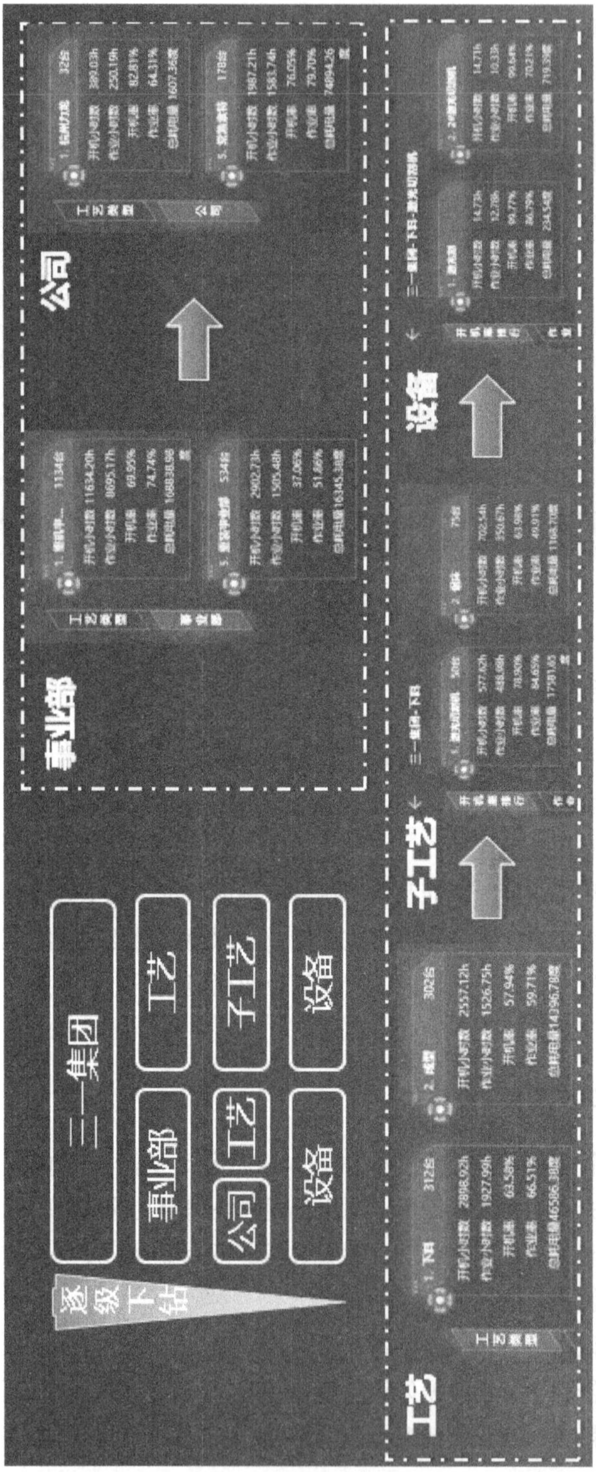

图 2-1-5　三一集团管理驾驶舱流程结构

5. 绿色制造应用

根据企业行业属性，通过树根云平台应用层的开发，由浅入深地提供多种节能分析手段，帮助企业逐步通过数据分析实现节能。

对用能情况进行统计分析，多维度分析对比能源消耗情况，进行单位产值综合能耗对标、产品单位产量综合能耗对标、工序能耗对标，实时跟踪分析节能行动的效果和完成情况。

通过智能数据分析发现关键节能优化点，针对性进行改善。例如，通过对设备运行电流进行检测，分析电流图谱并进行工艺参数改善。通过对现场照度进行检测，合理调节灯具的开关及亮度，在保证生产环境亮度舒适的同时减少能耗。

（五）实施过程中出现的问题与挑战

（1）现场设备种类众多，存在大量的老旧、非标设备，无法直接获取运行状态。通过在设备端加装智能电表，智能分析设备电流判断开关机状态实现运行状态监控。

（2）工厂内通信干扰较强，数据采集频率快，传输内容多，需要考虑网络的传输稳定性及建设成本。根据现场实际情况针对性设计多种网络通信方案，包括有限网络通信、4G 通信、无线 WiFi 通信、LoRa 通信等。

（3）项目涉及范围广、实施区域分布在多个省份，工业数据的安全存储与传输面临着巨大挑战。采用分布式部署架构，在每个事业部部署一套服务和数据中心，在对数据进行清洗后上传到应用端数据中心，保证数据的安全性和完整性。

（六）未来建设方向

将绿色制造概念进一步扩展，聚焦绿色主题，通过开展技术创新及系统优化，将绿色设计、绿色技术和工艺绿色生产、绿色处理、绿色供应链、绿色管理等贯穿产品全生命周期，设计、制造更加绿色节能的产品，提升装备产品的质量和效率。

借助平台数据支撑新能源技术研发，在生产制造环节更多地使用新能源，提升可再生能源的利用率，实现装备制造业与新能源的融合发展。

三、经验效果

（一）为企业带来的效益

加深工厂信息化程度。绿色工厂项目建设提高了三一集团能源计量设备覆盖率，完善了各工厂能源计量系统，为工厂信息化建设打下了坚实基础，为三一集团能源管理和用能考核提供了数据基础。

提升管理效益。借助数据平台掌握全厂用能情况，实时监控设备运行情况。帮助企业节能提效，实时监测用电需量，计算峰谷价差、容需电费等，为企业选择基本电价交易方式提供支撑。减少人力成本投入，缩减现场配电值守人员、巡检人员，在减少现场抄表人员的同时，提升了用能数据的准确性。提升工厂生产安全性，实时监测用电线路高温、漏电等安全问题，高效、准确地进行信息推送，降低安全隐患。

三一集团通过互联网+绿色制造建设使得整体节能效果显著提升，三一汽车制造、三一重能等多家公司已入选工业和信息化部绿色制造名单。

（二）经济社会效益

绿色工厂建设实现更透明的感知、更全面的互联互通和更深入的智能化，推动三一集团实现生产和管理模式变革，提高企业安全管理和生产运行智能化水平，节省人员开支和管理费用，实现经济效益和社会效益双丰收。

该项目通过设备可靠联机建设，网络化覆盖率达到99.76%；通过信息化的管理，实时监控分析设备运行及能耗状态，设备综合利用率提升 6%，生产运营成本降低 8%，运维成本支出减少 35%。以桩机工厂为例，通过管理节能及技术节能累计节约能源费用超过 200 万元，单位产品能耗下降超过10%。

三一集团智能装备绿色工厂解决方案帮助企业转型升级，使企业实现了绿色低碳发展，提升了能源和资源利用效率，有利于实现保护和修复生态环境、经济社会发展与自然相协调的目标。

（三）对产业界的参考意义

目前，我国装备制造行业仍然存在粗放式生产、片面追求经济增长的问题，对绿色制造的认识不足，普遍认为能源消耗占总运营成本比例不大，普遍缺乏能源管理意识。企业内部没有有效的能源计量系统，缺乏能源数据的汇总分析，认为能源建设投资高、见效慢，未意识到远期的节能效益。

三一集团借助根云平台进行的绿色工厂建设项目为装备制造业的"互联网+"绿色制造建设提供了快速实施、快速见效的系统性参考。树根互联技术有限公司将多年的能源管理系统经验提炼成 SaaS 化平台，依托根云平台，通过低成本物联、快速部署，为装备制造业企业提供从浅到深的渐进式节能服务，优化资源配置效率，推进传统装备制造业绿色化的改造进程。

案例二

装备行业：湖北航特装备制造股份有限公司汽车铝合金副车架生产线 MES 系统集成应用

一、基本情况

（一）企业概况

湖北航特装备制造股份有限公司（以下简称航特公司）隶属中国航空工业集团有限公司，是国有控股混合所有制企业。航特公司主要经营范围包括轻合金材料，成型技术开发应用及其产品生产和技术服务、模具设计、生产和技术服务，特种航空装备及自动化设备的研发、设计、生产和集成服务等。航特公司是湖北省企业技术中心、湖北省汽车铝制零部件工程技术中心、湖北省高新技术企业和湖北省支柱产业细分领域隐形冠军科技小巨人企业。

为贯彻落实国家供给侧结构性改革任务要求，引领我国汽车轻量化底盘产业发展，航特公司结合自身优势，前期投入了大量资金进行研发条件优化、生产能力和信息化能力建设，成为国内首家自主研发制造铝合金副车架的企业。航特公司目前已具备年配套 50 万台乘用车的能力，产品覆盖特斯拉、凯迪拉克、蔚来汽车、一汽红旗、上汽通用、吉利等国内外知名汽车厂商，国内市场份额为 35%～40%。

（二）项目概况

副车架是铝合金底盘的总成件，为大体积复杂薄壁结构，工艺过程复杂，技术难度高。为实现副车架产品全生命周期可追溯，建立大数据库，航特公司开发了副车架生产线 MES 系统。MES 系统通过接收航特公司 ERP 系统下达的生产计划，处理和执行各工序生产任务，同时对生产制造全过程信息进行实时采集和跟踪，并向 ERP 系统反馈生产、质量等信息。MES 系统与生产、能源监控设备通信集成，能够提升产品合格率，降低能源消耗。MES 系统的主要功能特点如下：打通信息流与物流的关联关系，建立全过程生产与能耗大数据库，通过大数据分析方法，为实现节能管控提供依据；通过互联网实现生产、质量等数据实时传输，使客户、管理层及采购、销售等相关部门共享信息；生产过程实时监控，可以在操作员发生问题时向其发出警告，从而降低在制品不合格率；质量管理流程系统化，实现对质量管理数据的规范化管理，提高对质量问题的追溯能力，降低潜在的召回风险。

二、主要做法

（一）实施背景

副车架为汽车最重要的安全部件，实现产品全生命周期的可追溯是践行以客户为中心的理念和降低企业安全风险的重要手段；利用信息化手段，建立大数据库，是降低能耗、推进绿色制造的有效途径，MES 系统的建立可有效实现以上功能。

（二）总体思路

MES 系统是一个集中数据平台，向下与 PLC、数据采集终端等过程自动化系统相连，向上与 ERP 系统相连。MES 系统采用标准化、规范化的设计方案和设计标准，既能满足当前的需求，又能适应新项目的拓展需要，与生产系统实现资源共享。MES 系统数据平台架构如图 2-2-1 所示。

（三）运行流程

自动化生产线设制芯、铸造、后处理、X 光检测、热处理、荧光检测、机加、清洗、终检和包装等工序，生产工序流程如图 2-2-2 所示。MES 系统对所有设备进行联网，定义流水线设备的数据接口方式，运用车间级的数据采集站，采集设备的状态信息、生产数据、质量数据、测量数据、装配人员数据、二维码等信息，通过数据交互，实现从工单下达到产品生产完成这一过程的综合管理。

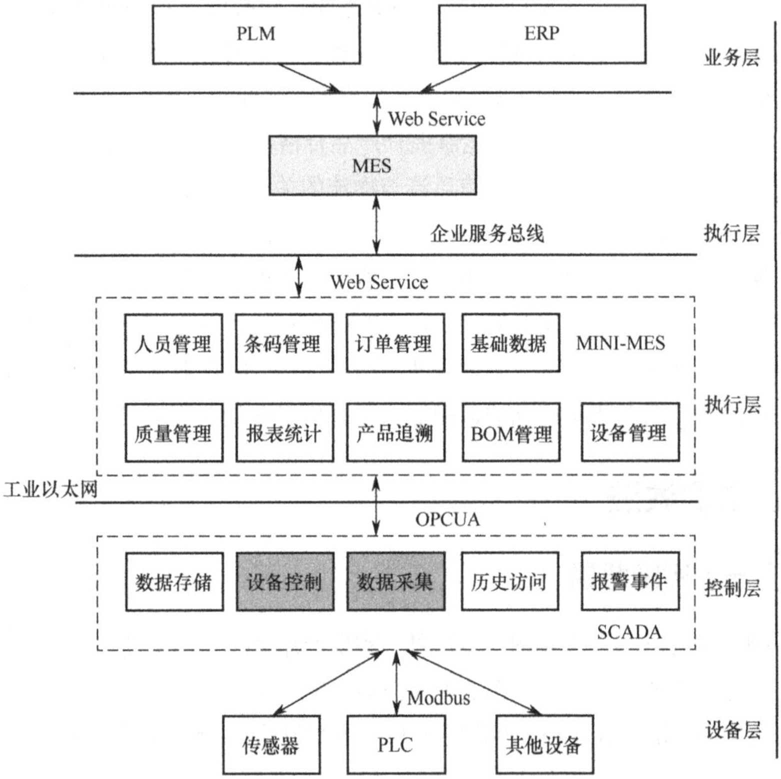

图 2-2-1　MES 系统数据平台架构

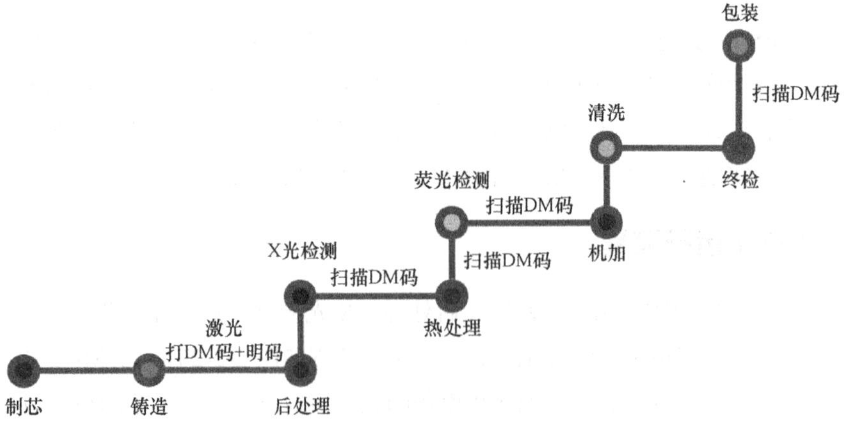

图 2-2-2　生产工序流程

MES 系统包括跟踪和追溯两个流程，MES 系统操作界面如图 2-2-3 所示。跟踪指的是产品从生产链的上游至下游的正向流通，跟随指定工序运行路径的能力（上一工序的不合格件无法进入下一工序）。追溯则是指产品从供应链下游至上游的逆向流通，即识别任意一件（或一批）产品来源的能力，通过扫描识别产品标识（或包装箱标识）的方法回溯对应产品整个详细生产过程的能力。

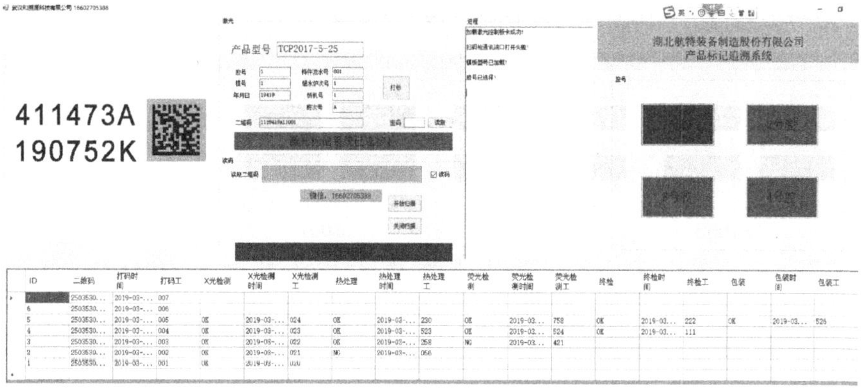

图 2-2-3　MES 系统操作界面

（四）实施方案

1. 自动化生产排产

MES 系统从 ERP 系统中获取生产制令单，下发至现场看板，指导工人生产，MES 系统完成制芯、浇铸机台、模具排版、产品排产上线。

2. 工人扫码登录

MES 系统为每个工人生成一个二维码，工人每天上班前通过扫描二维码登录系统，系统根据不同的权限分配相应的工作内容。生产过程中，MES 系统将工人信息保存到系统中，并关联产品，追溯生产人员信息。

3. 原材料条码管理

供应商按照航特公司条码规则要求，打印物料条码，粘贴在相应盛具上，对于气室沙物料，每一袋上都包含批次码；对于铝锭物料，供应商提供的送货清单和每一框铝锭上面都会有二维码，包含送货总量情况和单框铝锭的牌号、炉次号、捆号等信息。车间原材料缓冲区需要管控物料进销存情况，确保缓冲区物料量以保证正常生产，缺料需要有报警提示。

4. 砂芯生产

工厂扫描砂芯原料批号，校验材料并记录材料批次，扫描砂芯台车条码，将砂芯生产批次与转运台车绑定，将设备采集数据与砂芯批次关联并将信息记录到系统当中。制芯工序界面如图 2-2-4 所示。

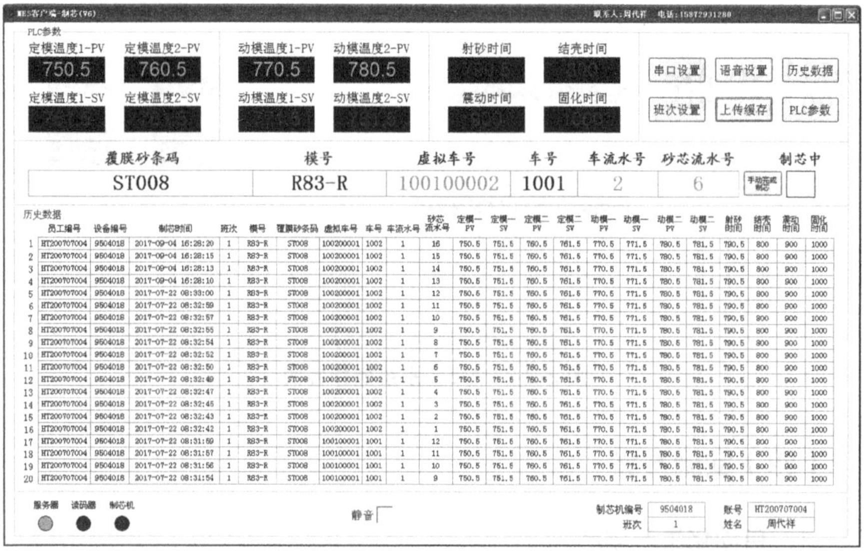

图 2-2-4 制芯工序界面

5. 熔炼

工厂扫描铝锭批号，校验材料并记录材料批次，记录熔炼机的相关参数，熔炼的铝液送检后，产生铝液送检记录看板。熔炼工序界面实时显示和记录现场铝液检测结果。熔炼工序界面如图 2-2-5 所示。

6. 铝液检测

远程填写铝液检测结果，现场同时显示送检看板状态，若铝液检测不合格则需要报警并记录报警事件。MES 系统自动采集铝液检测数据，打印检测铝块条码留存。

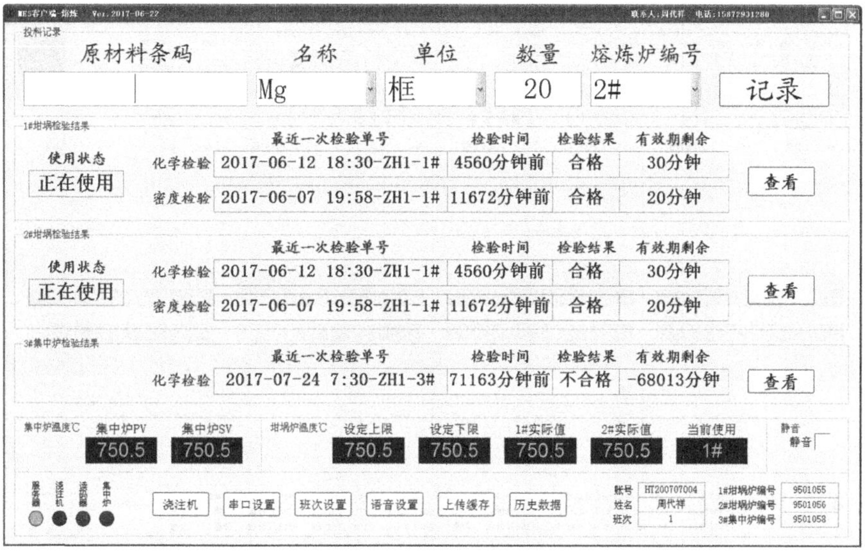

图 2-2-5　熔炼工序界面

7．修模

按生产计划提前推送修模看板到修模区，备案修模记录。

8．浇铸

浇铸工序如下：记录开机点检情况，扫描砂芯台车，扫描模具条码，校检砂芯、模具及铝液是否产品与标准一致，并与生产批次绑定；产品下线时，与条码打刻机通信，指示打刻铸造批号条码；铸造条码为客户指定的 DPM 码，在产品的本体指定位置打刻；铸造过程中的关键参数与产品批号绑定；按生产进度刷新生产现场看板。浇铸工序界面如图 2-2-6 所示。

9．后处理

后处理区使用三台机械手完成震砂、锯据和打磨，全流程自动控制。

10．全检和 X 光检测

人工全检并将全检结果通过触摸屏一体机录入系统，系统关联产品条码和全检结果。如遇产品不合格情况，通过看板不合格原因列表选择产品不合格原因记录到系统当中，支持人工录入方式。全检工序界面如图 2-2-7 所示。

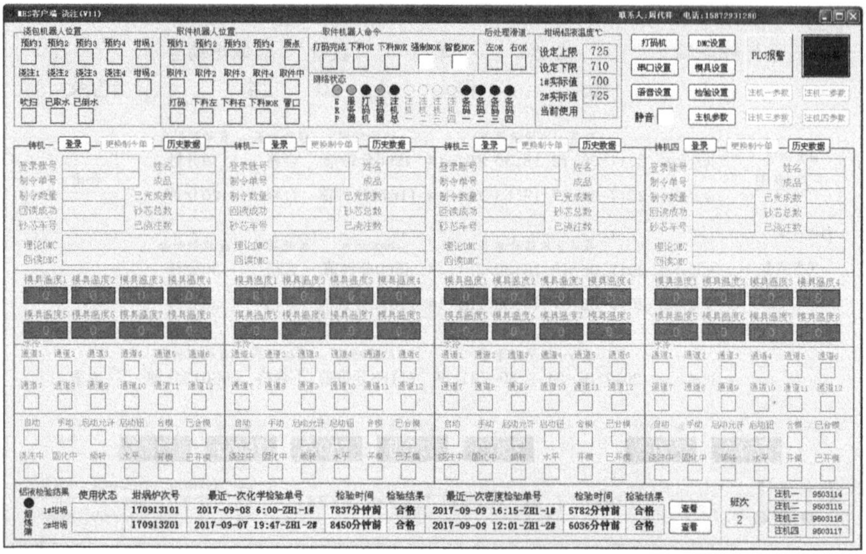

图 2-2-6　浇铸工序界面

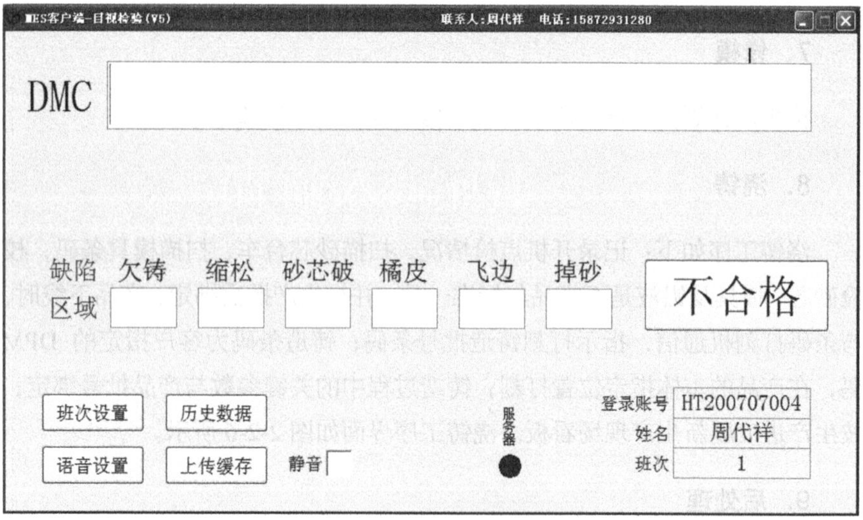

图 2-2-7　全检工序界面

产品进入 X 光检测区，采用自动扫描设备扫描产品条码，生成 X 光检测队列。由系统与机器人进行通信，记录并集成产品的检测数据；良品与打刻机通信，打刻 X 光良品“O”形标识。若产品 X 光检不通过，工人会再次将产品放置于 X 光检测设备进行重新检查。X 光检测工序界面如图 2-2-8 所示。

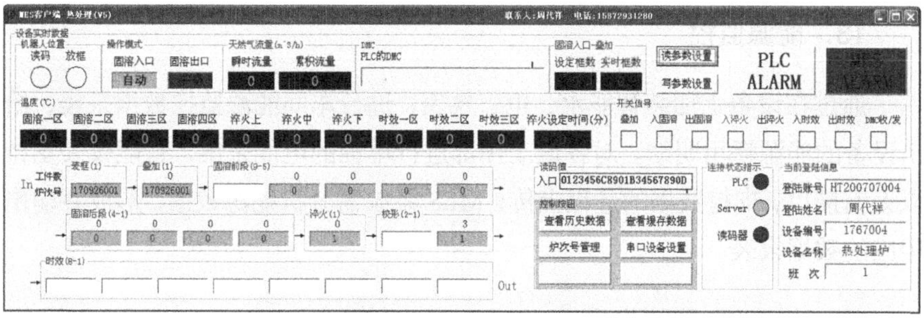

图 2-2-8　X 光检测工序界面

11．热处理

X 光检测良品单件与热处理批次绑定，采用固定式扫描仪或 RFID 的形式读取热处理批次号，实现产品、热处理批次和热处理炉数据关联。读取过程中工作人员用现场电脑录入检测不良信息。

12．探伤检测

热处理良品进入探伤检测区，采用人工扫描的方式扫描产品条码，记录进入检测区的产品，生成探伤检测队列，由系统与机器人进行通信，记录产品的检测结果，然后将产品检测的结果数据进行集成。不良品经人工报废，良品与打刻机通信，打刻“O”字符标示探伤良品。探伤检测工序界面如图 2-2-9 所示。

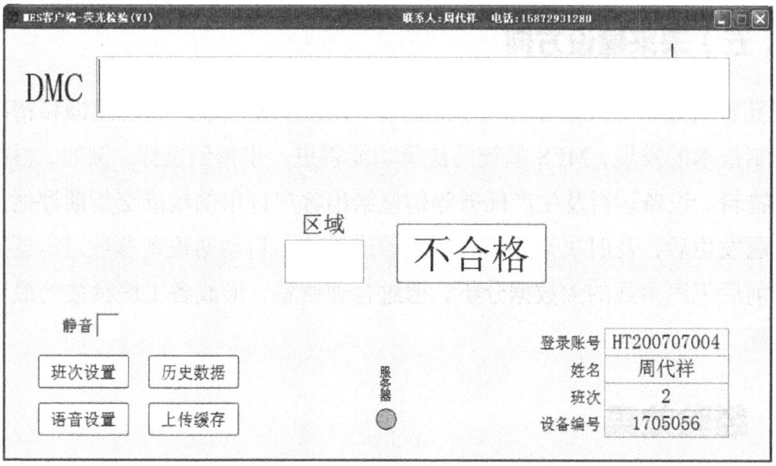

图 2-2-9　探伤检测工序界面

13. 能源监控

通过在设备上加装智能水、电、气表，进行车间能源监控数据采集，给出设备的能源耗用明细。对各道工序都进行单独的电能采集，智能仪表支持以太网接口，支持数据的远程上传，MES 系统需分析能源数据，形成并输出相应的数据报表。

14. 与 ERP 系统集成

ERP 系统通过系统扩展程序以 Web Service 形式与 MES 系统交互数据。一是生产制令单信息、货品信息、ECN 变更信息、其他基础信息，如供应商基础资料、货品基础资料、操作人员信息、采购订单及以上信息发生变更后对应 MES 系统的数据变更信息等。二是 MES 排产计划，包括开工日期和结束日期、成品缴库及其他现场生产数据，如质检信息、制令单领料、不合格品退料及以上数据发生变更后对应 ERP 系统的数据变更信息等。

15. 设备异常报警

对于设备基础故障报警，设备通过三色灯及蜂鸣报警器暂停设备运行或者提示工人维护设备。设备故障信息通过数字接口提供给生产线 MES 系统，MES 系统记录设备故障信息，同时显示到现场看板，提示工人进行设备检修工作。在规定的时间内，若现场工人没有反馈，系统会以总看板警告消息通知相关领导及设备维护人员。

（五）未来建设方向

随着大数据等决策分析技术的发展，以及工业互联网状态反馈和精准执行控制技术的发展，MES 系统的决策功能将进一步得到发挥。例如，根据当前的物料、设备运行及生产任务等信息给出客户订单的精准交货期评估；质量问题发生后，及时决策分析并制定改进措施，自动对设备参数进行调整；根据前后工序参数的大数据分析，通过合理调整，形成各工序参数的最佳组合搭配。

三、经验效果

汽车铝合金副车架生产线 MES 系统集成应用可从多方面实现绿色效应，

一是铝合金底盘替代传统钢结构底盘，降低汽车重量，从而减少汽车油耗；二是通过 MES 系统过程检测及生产大数据分析，掌握产品合格率变化趋势，采取相应措施，降低废品率；三是通过能源监控数据分析，及时发现能耗异常，并采取相应措施。

（一）产品节能减排

2018 年，汽车底盘系统轻合金铸件销售 1000 吨，经综合对比，铝制底盘件较钢制底盘件轻量化减重率约为 46.10%，总体减重效果可达 1000/（1−0.461）−1000≈855（吨）。整车重量每减少 100 千克，其油耗可减少 0.3～0.6 升/100 千米，二氧化碳排放量也将相应减少 0.72～1.44 千克/100 千米。产品全部装车后，所有车辆总体减少油耗 3849 升/100 千米，折算标煤 4.19 吨/100 千米，二氧化碳排放量也将相应减少 9.24 吨/100 千米。例如，按照平均每车每年行驶 30000 千米计算，节省标煤 1257 吨，二氧化碳减排 271 吨。

（二）降低生产不合格品的能耗

根据产品检验统计，通过 MES 系统的实施，废品率可降低 10%左右。按每生产 1 吨底盘轻量化产品消耗电能 3390 千瓦时、燃气 646 立方米计算，则实际出产 1000 吨产品，可降低电能 508500 千瓦时、燃气 69600 立方米，折算后节省标煤 725 吨。

（三）降低生产设备异常所造成的额外能耗

2018 年，根据 MES 系统能源监控数据分析，及时发现用电异常情况 3 次，用气异常情况 1 次，挽回额外的电量损耗约 67500 千瓦时、用气损耗 9200 立方米，折算后节省标煤 96 吨。

综合以上分析，2018 年通过使用 MES 系统，全年降低能耗 2078 吨标煤。

案例三

原材料行业：鞍钢股份汽车钢“互联网+”绿色供应链系统项目

一、基本情况

（一）企业概况

鞍钢股份有限公司（以下简称鞍钢股份）是国内大型钢铁生产和销售企业之一，拥有烧结、焦化、炼铁、炼钢、轧钢等完整的钢铁生产流程及配套设施。该公司主要产品涵盖热轧板、冷轧板、镀锌板、彩涂板、中厚板、大型材、重轨、线材、无缝钢管、冷轧硅钢等。产品广泛应用于机械、冶金、石油、化工、煤炭、电力、铁路、船舶、汽车、建筑、家电、航空等行业。

鞍钢股份汽车钢营销中心集汽车钢产品市场布局、市场开发、客户管理、产品销售、技术服务、新产品研发与应用推广、加工配送服务等职能于一体，统筹协调全公司汽车钢产品的资源优化配置，推动汽车钢产品生产体系、营销体系、研发体系“三系合一”，协同发展。以不断扩大汽车钢产品市场占有率和提高销售利润率为目标，开展市场化运营，促进公司汽车钢产品的市场竞争能力及创效能力提升。

（二）项目概况

鞍钢股份汽车钢“互联网+”绿色供应链系统项目覆盖产品研发、设计、采购、生产、销售、服务等产品全生命周期环节，严控产品质量和交期，综合考虑零件制造的输入、输出和资源消耗及对环境的影响，即从原料到成品转化过程中的物料流动、资源消耗、废品废料的产生、对环境的影响等情况，打造汽车零配件绿色供应链系统。

鞍钢股份各区域钢材加工配送中心以贸易服务、加工服务、配送服务、物流服务为基础，通过数据采集和分析，提供采购、销售、生产、仓储、物流、结算等功能，建设成本、贸易、物流、资金流和信息流高度统一的绿色数字化工厂，实现企业生产经营管理流程在系统中的闭环管理，降低各个环节对接时的人工干预，保持数据流转的一致性，有效控制经营风险。同时，利用移动应用、手持终端、无线传输等技术，为生产、物流环节提供更多智能化的手段，进一步提升现场管理水平及效率。

二、主要做法

（一）实施背景

随着互联网技术的飞速发展，国家颁布《积极推进“互联网+”行动的指导意见》《绿色制造工程实施指南（2016—2020 年）》，推动加快构建绿色制造体系，发展壮大绿色制造产业，强化发展绿色化的发展理念，以科技创新为支撑，推动绿色产品、绿色工厂、绿色园区和绿色供应链全面发展。制造行业将借助互联网技术，践行绿色发展理念，利用智慧制造技术和智慧管理方法，将自动化技术、智能化技术、互联网信息化技术、移动互联技术等尖端科技进行高度的集成，达到敏捷制造和精细化管理的效果，实现制造企业管理模式的转型，提升加工制造企业的核心竞争力。

目前，鞍钢股份在沈阳、天津、武汉、大连、长春、广州等地建立了 10 家钢材加工配送中心，提供钢材加工配送服务，对区域重点用户实现零距离产品直供，迫切需要建立一套完备的供应链管理信息系统作为支撑，在汽车钢材加工行业打造绿色供应链示范企业，推动上下游企业共同创建绿色供应链，促进全产业链和产品全生命周期绿色发展。

（二）总体思路

1. 功能描述

鞍钢股份汽车钢“互联网 + ”绿色供应链系统以供应链服务、客户服务、物流服务、ERP 服务为基础，MES、WMS 为核心，通过数据采集和分析，支撑采购、生产、库存、仓库、财务等业务功能，建设物流、业务流和信息流统一的数字化工厂，实现企业生产经营管理流程在系统中的闭环管理，避免各个环节对接时的人工干预，保持数据流转的一致性，有效地控制经营风险。该系统引入移动应用、手持终端、无线传输等技术，在生产、物流环节提供更多智能化的手段，提升现场管理水平及运营效率；基于业务财务一体化带来的数据基础，借助数据收集、分析和展示工具，以数据驱动企业的经营管理，有效提升经营决策能力。系统功能模块如图 2-3-1 所示。

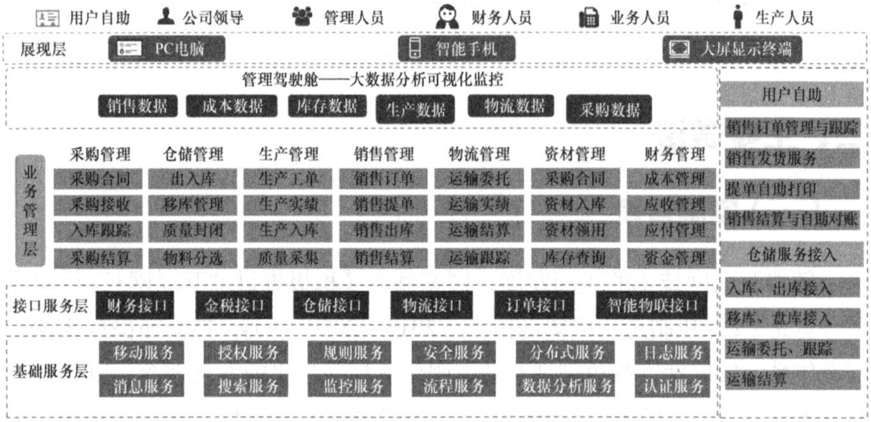

图 2-3-1　系统功能模块

2. 系统架构

信息系统设计主体结构分为客户端层、Web 分发层、应用服务器层和数据库服务器层。系统的软硬件设计主要考虑使用当前流行的互联网框架来满足系统目前的并发要求及高可用、高性能的特点。系统架构如图 2-3-2 所示。

3. 绿色供应链

以供应链管理的思维推动钢材加工制造与环境和谐相容，在整个钢材加工供应链内综合考虑环境影响和资源效率，涉及主体包括供应商、钢材加工系统和客户，其目的是在物料获取、加工、包装、仓储、运输等过程中，实现产品对环境的影响（负作用）最小，资源效率最高的目标。企业在发展过程中充分考虑供应链中各个环节的环境问题，注重环境保护，促进经济与环境协调发展。绿色供应链模型如图 2-3-3 所示。

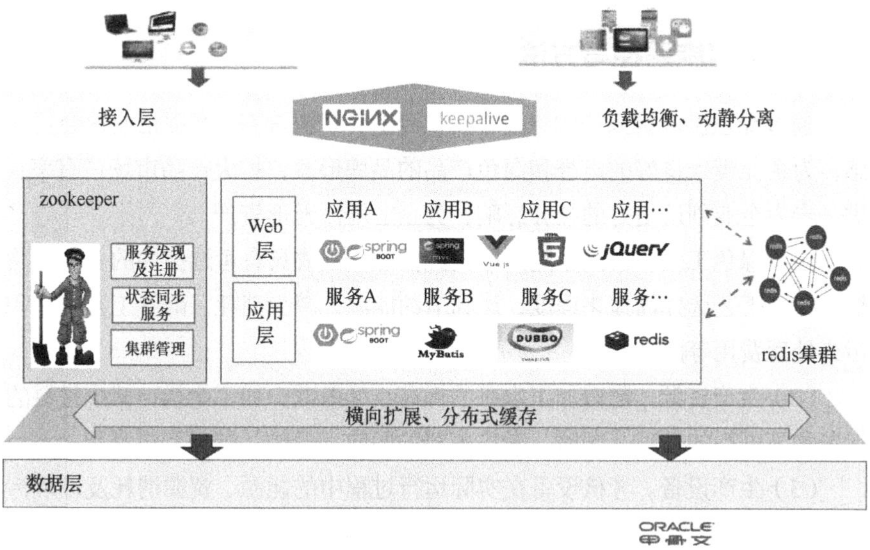

图 2-3-2　系统架构

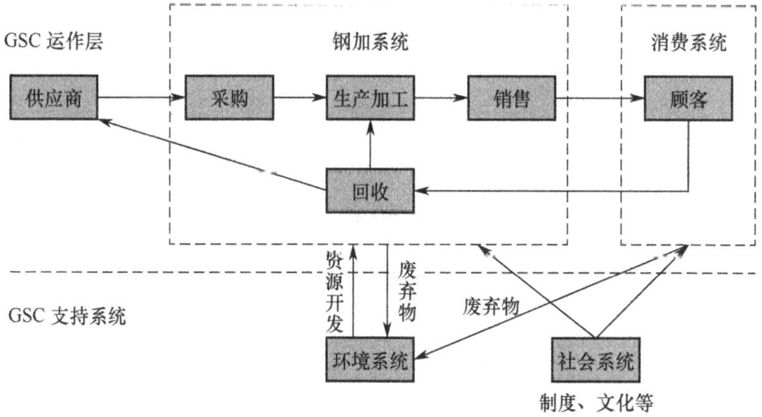

图 2-3-3　绿色供应链模型

综上所述，鞍钢股份将借助互联网技术构建鞍钢股份汽车钢“互联网+”绿色供应链系统，科学规划企业的供应流程。在生产上对所有供应商、钢材加工中心、客户等资源进行统一集成和协调，树立绿色供应链管理的思想；要求钢材加工系统中各个环节的各个成员牢固树立环境保护意识，寓环保意识于企业决策之中。

（三）实施路径与方法

通过绿色供应链系统的建设真正做到避免资源浪费，增强企业社会责任感，为企业带来良好的声誉和绿色产品的品牌形象，扩大产品市场占有率，进一步为企业创造更好的社会影响，为企业增添无形资产。

（1）绿色工艺。根据车间工序资源信息，生成具有可选择性的多工艺路线，提高工艺选择简捷化程度，达到节约能源、减少消耗、降低工艺成本和污染处理费用等成效。

（2）生产资源。随着加工水平的提高，尽量减少加工余量，减少材料的浪费和下脚料的处理。同时，考虑废料的回收、分类、处理和再利用。

（3）生产设备。考核设备在实际运行过程中的能源、资源消耗及环境污染情况；考核零部件是否具有较好的通用性、维修或保养时间是否合理、费用是否适宜，以及维修人员劳动强度等。

（4）改善生产环境。绿色供应链系统能够合理编排工作时间，通过减轻劳动强度等措施，提高员工的劳动主动性、积极性和创造性，进而提高生产效率。

（5）重视环境保护。绿色供应链系统从极大程度上实现了在产品整个生产过程中的各个环节上都不产生或很少产生对环境有害的污染物的目标。

（四）实施过程中的问题与挑战

（1）供应链业务流程复杂，协同难度大：完整的供应链系统涉及供应商、产品、工业企业、销售、客户、服务内容，覆盖产品研发、设计、采购、生产、销售、服务等产品全生命周期环节，场景复杂、体系庞大、动态多变，整体协同运转难度大。

（2）信息时效性差：供应链涉及信息面广，各生产主体注重单一环节最优，整体协同联动差，不利于企业效益最大化，有碍信息流的传递，影响供应链整体效率。

该项目通过借助互联网技术在钢材加工中心内部及上下游各相关主体间实现产品全生命周期环节信息的横向集成，推动供应链内部各项活动和资源整合，建设高效协同供应链系统，提升钢材加工整体运营效率。

（五）发展方向

随着绿色制造理念的逐步树立，钢材加工中心将进一步推动绿色材料选择、绿色采购、绿色生产计划、绿色包装、绿色仓储、绿色运输、绿色分销和回收处理等课题的研究与解决方案制订。将这些过程有机集成，发挥整体效益最优化，从真正意义上实现供应链绿色化和有效管理。同时，要紧随技术发展，加强企业应用和集成技术的能力，培养优秀供应链管理人才队伍，依靠先进人才与技术做好支撑。

三、经验效果

鞍钢股份将通过汽车钢供应链系统管理集成平台，打造绿色供应链系统，实现鞍钢股份各钢材加工中心业务模式统一，有效监管各钢材加工中心生产经营及风险管控。通过打造鞍钢股份钢材加工标准化作业流程管理系统，提高劳动生产率，优化人力资源配置。“互联网+”绿色供应链系统将可直接推广应用于未来区域钢材加工中心的续建。“互联网+”绿色供应链系统通过优化企业内部业务流程与企业同上游供应商、下游经销商和终端用户等供应链主体间的业务流程，打造以市场需求驱动研发、设计、采购、生产、销售、服务等产品全生命周期环节的供应链协同运营体系，实现了从感知客户需求到满足客户需求的端到端流程一体化服务。在具体实践方面，鞍钢股份坚持以客户为中心，借助工业互联网及工业 App，增加供需双方黏性；通过智慧物流使客户实时查询物料进程，提高用户满意度，增加市场占有率；通过自助订货系统、断料预警、智能排产系统，实时掌握客户需求和下游生产计划，设定库存预警，既保证客户用料，又有效降低库存及资金占用，有效提高了金属平衡及成材率。在转型过程中，鞍钢股份有效推动钢材加工中心与上下游企业、用户等主体间的深度对接，构筑起以市场需求的采集、响应和交付为核心的全供应链信息交换体系。

“互联网+”绿色供应链系统的建设真正做到了避免资源浪费，帮助企业增强社会责任感，给企业带来良好的声誉和绿色产品的品牌形象，扩大产品市场。同时，降低产品的生产成本，使消费者以更低廉的价格就能得到更安全、更环保的产品。该系统全面改善了员工的工作环境，有效促进了员工身心健康，提升了员工的工作安全性，减少了不必要的开支，从而创造出更大利润。同时，该系统为企业创造了更好的社会形象，为企业增添了无形资产。

鞍钢股份将秉承绿色加工制造理念，持续推动"互联网+"绿色制造实施建设，带动上下游企业数据集成、互联互通，带动供应链链条向绿色化转变发展。对于企业而言，绿色供应链管理不应是一种强制实施的环保策略，而是促进供应链上下游现代化发展、实现经济效益与社会效益可持续增长的关键途径。未来，鞍钢股份将持续推动汽车钢"互联网+"绿色供应链系统项目在钢材加工领域的引领示范效应，推进汽车钢钢材加工行业及上下游企业的"绿色联动"。

案例四

汽车行业：中汽数据有限公司基于全产业链环保大数据的汽车行业绿色服务创新案例

一、基本情况

（一）企业概况

中汽数据有限公司（以下简称中汽数据）隶属中国汽车技术研究中心有限公司（以下简称中汽中心），是中国汽车行业重要的数据资源整合及服务机构，其以汽车行业首个工业节能与绿色发展评价中心为基础，依托自身在政策研究、标准制定、技术研究、软件开发、云服务平台、方案咨询、国际交流等方面的综合实力，构建全生命周期的汽车行业环保公共服务平台，形成了集管理、设计、采购、生产、回收于一体的系统化解决方案。中汽数据在转型过程中提升了绿色制造能力，取得了环境影响最小、资源能源利用率最高的成就，协调优化了经济效益、生态效益和社会效益，实现了引导行业绿色高质量发展。

（二）项目概况

2008 年，中汽中心联合 15 家汽车生产企业，共同研发了中国汽车材料数据系统（CAMDS），并组织成立 CAMDS 管理委员会以负责管理和运维，由中汽数据负责统筹 CAMDS 相关工作。

本案例以 CAMDS 为基础，综合计算机技术、通信技术、软件技术、现代管理理论和方法于一体，采用集成创新的方式搭建汽车生产企业各级供应商材料信息数据交互平台，突破了汽车材料绿色属性信息数据匮乏、材料信息数据交互方式复杂等关键技术问题，为汽车企业提供基于全产业链材料数据分析的系统化环保服务解决方案。CAMDS 是以实施汽车产品回收利用和禁限用物资管理为目的，以汽车产品全物质申报为核心，以供应链逐级传递为载体，面向汽车行业全生产链条及供应商企业的开放的材料数据管理平台，CAMDS 登录界面如图 2-4-1 所示。借助该系统，零部件供应商可完成零部件产品材料信息填报与提交，视整车企业不同需求，记录零部件的材料、可回收性、禁用/限用物质和基本物质的使用情况。整车和零部件企业能够利用该系统收集、汇总零部件产品相关信息，并在此数据基础上完成对整车和零部件产品回收利用率和禁用/限用物质使用情况的跟踪与分析。

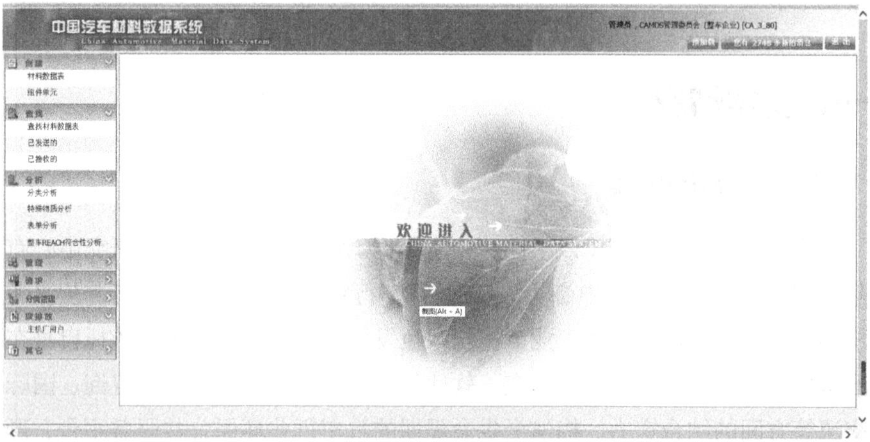

图 2-4-1　CAMDS 登录界面

二、主要做法

（一）实施背景

经济的快速发展使汽车产品消费日益增长，汽车保有量不断提升。近年来，报废汽车数量呈现逐年攀升态势，随之而来的废弃资源综合利用难、重金属污染等世界性环境和资源问题日益凸显。因此，加强汽车有害物质回收利用管理，推进汽车工业可持续发展已成为全球共识。

为减少报废汽车对环境造成的危害，欧盟自 2000 年起，相继颁布报废车辆（End-of-Life Vehicle，ELV）与可回收利用率和可再利用率（Reuse,

Recycle, Recovery，RRR）两项指令，对进入欧盟境内的汽车产品强制执行材料中有害物质禁用、RRR 限值及 RRR 型式认证等要求。为应对欧盟法规要求，国外主要汽车生产企业普遍通过第三方机构开发的国际材料数据系统（IMDS），采集供应商的材料数据信息，实现对产品有害物质使用情况的跟踪和可回收利用率的计算分析。

我国自 2000 年起开展研究报废汽车对环境影响的相关工作。为提高汽车回收利用水平，国家发展改革委、工业和信息化部先后发布汽车产品回收利用相关政策，对汽车企业产品可回收性、选用可回收材料、限制使用有害物质等提出了要求。与此同时，我国也在加快汽车禁用物质要求标准体系的研制工作，支撑我国 ELV 管理措施的出台与落实。而在 2000 年时，我国整车企业与零部件企业及原材料供应商之间还缺乏统一的信息交流工具。IMDS 作为国际的第三方数据平台，存在使用费用太高、系统功能扩展性不强等诸多问题，无法满足我国政府主管部门与汽车企业的需求。因此，为汽车相关企业构建汽车材料信息的共享平台和绿色设计研发的支持工具，成为当时行业发展的迫切需要。因此，中国汽车材料数据系统应运而生，该系统可以基于环保大数据为汽车生产企业、零部件和材料供应商提供相应解决方案。

（二）可解决的问题

截至 2021 年 10 月，该系统已有汽车生产企业用户 140 余家、汽车零部件企业 50000 余家、材料生产企业 100 余家，基本实现国内总座位数不超过九座的载客车辆（M1 类）生产企业全覆盖。

（1）助力企业高效应对法规要求。CAMDS 可协助汽车生产企业基于产业链收集整车材料数据，采用标准的处理格式和即时有效的数据采集工序进行信息化数据分析，推动企业高效应对国内外 ELV 等政策法规要求，并为企业出口欧盟开展 RRR 型式认证、大批量“走出去”提供技术支撑。

（2）解决企业数据国际通用难题。CAMDS 可实现数据在 CAMDS 和 IMDS 之间转换，有效解决汽车生产企业因 IMDS 及 CAMDS 重复提交数据而造成的人力成本浪费。CAMDS 在企业中的应用流程如图 2-4-2 所示。

（3）为企业实现车内空气质量的管控。CAMDS 可基于材料数据提供车内挥发性有机物（VOC）合规验证等服务，满足《乘用车内空气质量评价指南》及《轻型汽车污染物排放限值及测量方法（中国第六阶段）》国标中 VOC 限值要求，实现对车内 VOC 的统一分析和管理，全面提升行业 VOC 管控水平。

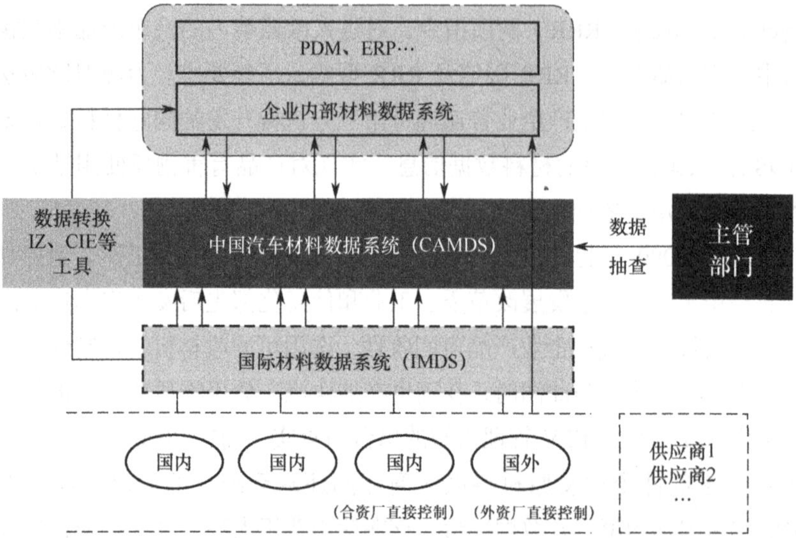

图 2-4-2　CAMDS 在企业中的应用流程

（三）实施路径与方法

CAMDS 在系统业务层、技术层与使用层三个层面实现相关功能。

1. 系统业务层面

CAMDS 通过整合国内外 ELV 相关法规要求，设计有害物质豁免条款，并对底层物质进行字段标记，实现与国外申报物质标准及要求相对应的同步管理；同时，依托业务流设计、规范填报要求及校验规则，打造完善的系统业务功能。

（1）有害物质法规跟踪研究。跟踪分析欧盟《ELV 指令》（2000/53/EC）及修订指令、《REACH 法规》（EC 1907/2006）等汽车行业相关的有害物质管理法规，保持与国外汽车企业申报物质标准的同步。

（2）系统业务流设计。各级汽车零部件供应商将完整的产品信息录入 CAMDS，整车企业依据车型结构将材料数据组成车型的完整材料信息；跟踪、分析有害物质，利用内部计算系统分析产品可回收利用率，并将结果反馈至设计环节，有效支持汽车产品绿色设计。CAMDS 业务总体流程如图 2-4-3 所示。

（3）填报规范设计。研究制定了汽车用涂镀层等 16 项材料数据填报准则，首次统一行业材料数据填报标准。

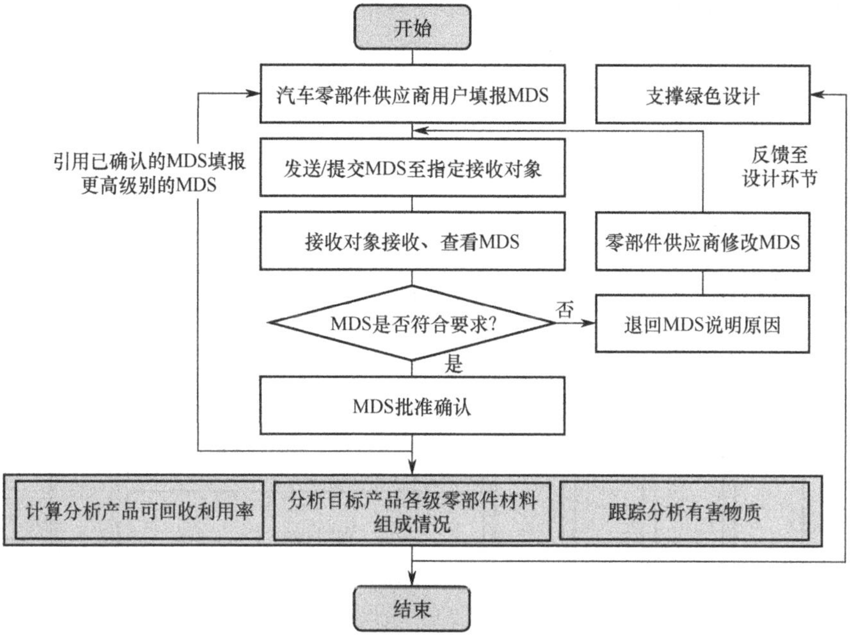

图 2-4-3　CAMDS 业务总体流程

（4）系统校验规则设计。研究制定了 21 条校验规则。例如，若表单有问题，则 CAMDS 将出现“错误”或“警告”两种校验情况：出现“错误”时，表单不能被发送、提交、内部发布、发布；出现“警告”时，表单可被发送、提交、内部发布、发布，但接收方可拒绝接收。

（5）有害物质豁免条款设计。根据欧盟《ELV 指令》及我国《汽车禁用物质要求》（GB/T 30512—2014）等相关法规标准，整理有害物质豁免条款 53 项，并根据材料分类及物质分类，累计形成 2040 条具有唯一标识的豁免选项，便于用户更加高效地选择豁免条款，避免干扰项目，实现国内外法规全应对。

2. 技术层面

CAMDS 通过采用 Java 语言及 Web 等组合架构，并大大简化数据管理方式，对平台数据库进行反规范化设计，实现用户对数据使用的安全性、高效性。

（1）构架技术。采用 J2EE 5.0 规范标准、Java 语言及 Web 相结合的架构，保证 CAMDS 可获得高质量的技术支持。采用 Sun 公司开发的 Solaries10 作为服务器的操作系统，实现对接多任务和多用户，保证 CPU 时间片等系统资源的分时使用；采用 BEA 公司开发的 BEA Web Logic Server 8.1，具有对 J2EE 标准的支持、强大的运算能力及多层次的架构设计等优势；采用 Oracle 公司开发的 Oracle 10g 数据库管理系统，建立物理层、用户层、操作系统层、网络层和数据库系统层等多层面安全性体系。解决方案技术架构如图 2-4-4 所示。

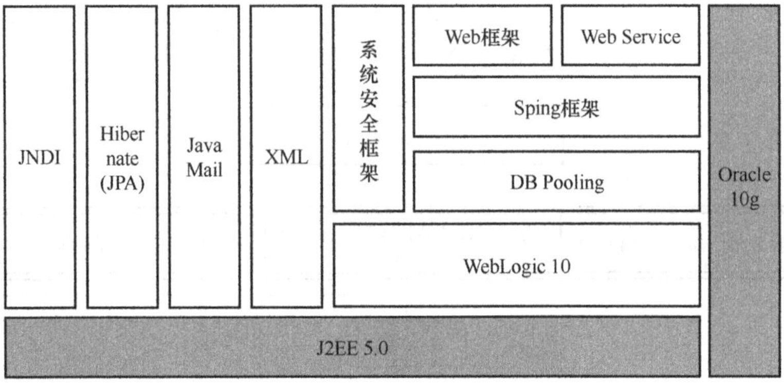

图 2-4-4　解决方案技术架构

（2）底层数据库设计。采用 Oracle 公司开发的 Optimal Flexible Architecture 优化结构技术开发数据库，对其中的表、视图、存储过程、索引等逻辑对象进行深入分析，简化物理设计中的数据管理，提升数据库系统的运行效率；优化设置索引，充分使用聚簇减少需要存储的 Oracle 块，对平台数据库进行反规范化设计，从而提高应用程序性能，提高查询速度；采用表分区技术对数据进行适当分割，将数据进行物理隔离，分散到不同磁盘上，从而提高磁盘数据读/写的并行性，大幅提升平台运行效率。

3. 使用层面

CAMDS 借鉴成功经验，同时结合企业需求，建立完善的物质数据库，并开发新增标准物质功能，实现动态更新；此外，研发 CAI 等数据转换接口，满足企业个性化需求。

（1）构建标准数据库。通过欧洲化学物质信息系统、中国化工字典等信息渠道收集基本物质信息，结合企业需求，构建起覆盖 14000 余种基本物质、

7000 余种标准材料、200 余项高关注度物质、3000 余项全球汽车申报物质的数据库。CAMDS 数据流、物质流内容如图 2-4-5 所示。

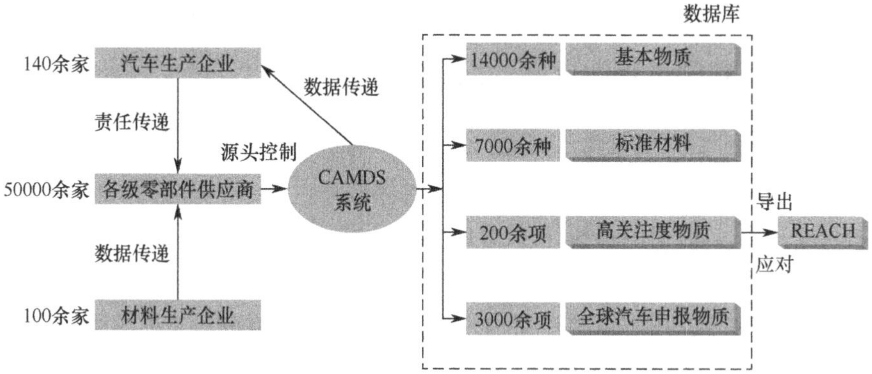

图 2-4-5　CAMDS 数据流、物质流内容

（2）设计 CAMDS 高级接口（CAI）。汽车及零部件企业可基于 CAI 对内部管理系统进行开发与升级，在本地完成对供应商提交材料数据表的下载、审批等工作，同时也可在本地为客户创建、上传、提交材料数据表，提高企业材料数据的管理水平和效率。CAI 功能如图 2-4-6 所示。

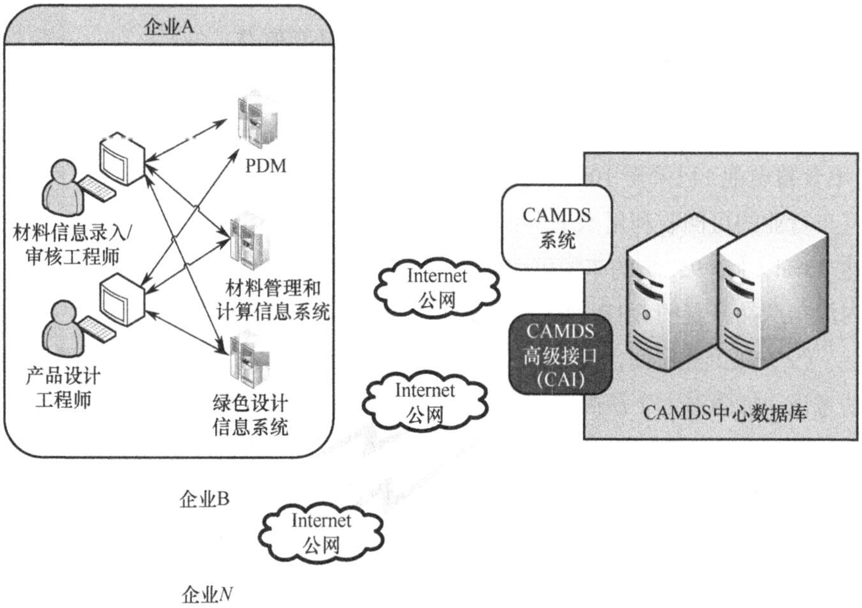

图 2-4-6　CAI 功能

（3）制定新增标准材料、新增基本物质规则。研究制定新增标准材料、新增基本物质申请流程，编制新材料、新物质申请表，及时响应用户需求，实现新材料数据的同步更新。

（四）实施过程中出现的问题与挑战

一是内部管理制度尚不完善。企业内部需法规认证、采购管理、质量管理等多部门协同配合，实现 ELV 管理的无缝衔接。二是企业管理观念不统一。对企业来说，如何在短时间内摒弃原来的线下工作模式，采用基于 CAMDS 的互联网数据收集模式并完成团队合作，困难较大。三是员工技术能力需提升。CAMDS 及其相关工作的综合性较强，使用 CAMDS 既需要熟悉系统功能和操作，也需要保证填报的内容与产品一致，且符合法规要求，这些均为重点技术问题。

三、经验效果

（一）项目产生的效益

以 CAMDS 为核心，基于全产业链环保大数据的汽车行业绿色服务创新案例为汽车行业和企业带来了以下经济效益和社会效益。

（1）在行业层面，通过推动行业 ELV 管控水平的不断提升，切实解决了基于产业链收集材料数据难的问题。2021 年，汽车行业整车铅平均使用量（不含蓄电池）已降至 105.3 克/车，相比 2015 年下降了约 114.7 克/车。同时，汽车行业的可回收利用水平得到显著提高，2018 年 99.4%的车型可再利用率达 85%以上，95.8%的车型可回收利用率达 95%以上，完全满足欧盟对其境内汽车产品开展的 RRR 型式认证的相关要求。

（2）在企业层面，一方面，引导汽车生产企业提高实施 ELV 管理的主动意识，加强对上下游供应链企业的信息传导。以北京汽车股份有限公司为例，基于 CAMDS 其逐步建立了完善的 ELV 内部管控体系，并将整车和零部件、材料供应商的环境管理理念贯穿产品设计、生产等各个环节，在汽车产品全生命周期内最大限度地减少对环境的影响，从全产业链增强了汽车产品的环保属性，提升了企业 ELV 管控效率、降低了管控成本。另一方面，CAMDS 有效缩小了我国与汽车工业发达国家汽车生产企业的绿色发展差距，提升了我国汽车产品的国际影响力。以上汽大通汽车有限公司为例，CAMDS 协助企业收集供应链材料数据，并基于对大数据的审核、分析和计算，为企业提供国外 ELV 法规应对解决方案，为上汽大通汽车有限公司部分车型顺利通过欧盟 ELV 准入体系认证、获得欧盟大批量出口准入证书提供了有力的技术支持，协助其完成产品由小批量向批量出口欧盟市场的转变。

（二）推广价值

CAMDS 基于对互联网平台的环保大数据进行综合分析与管理，为汽车生产企业提供国内外环保法规应对、政策咨询、技术升级、出口认证、体系构建、能力建设等多元化服务，既能够协助汽车生产企业开展必要的绿色信息化管理，推动汽车行业的“两化”深度融合，也可以有效保护我国汽车企业核心材料数据信息，提升行业信息化管理水平，持续推进降本增效，推动行业绿色可持续发展。对于轨道车领域、电子电器等工业领域的绿色信息化管理，该案例具有较为可行的参考示范效应。

案例五

汽车行业：三菱电机面向工厂需求侧的电动汽车充放电及分布式能源智能管理系统

一、基本情况

（一）企业概况

三菱电机汽车部件（中国）有限公司成立于 2011 年 6 月 24 日，2012 年 5 月 1 日正式营业，注册资金为 9800 万美元。日本三菱电机株式会社与三菱电机（中国）有限公司的合资合作，拉开了三菱电机汽车部件（中国）有限公司产业报国的序幕。三菱电机汽车部件（中国）有限公司致力于汽车电子控制动力转向系统、电子控制燃油喷射系统、汽车灯具、汽车音响、导航系统和汽车用多媒体产品、涡轮增压器执行器、废气再循环装置、可变气门正时装置、发动机点火装置、汽车发动机系统控制装置及零部件等领域的生产和销售，以及汽车零部件夹具、工具的制造、研发和销售。

三菱电机汽车部件（中国）有限公司（以下简称三菱电机）始终追求“Changes for the Better”的精神，不断改革创新，以绿色产业发展为导向，在环境、安全和舒适三个领域中开发出引领新时代城市交通生活的革新产品。该公司生产的产品对应的客户群体从最初本田、日产等日系客户发展至现在的欧美系客户，如上汽通用、戴姆勒等，产品类型也不断满足客户需求及市场的多元化演变，具有较强的安全生产、节能环保制造和员工激励能力。该公司的建设和发展模式符合产品设计生态化、用地集约化、生产洁净化、废物资源化、能源低碳化等要求，能效水平行业先进。

该公司依托三菱电机集团的法制经营体制和合规经营方针制定了绿色工厂建设的中长期规划、年度目标和具体实施方案，确保对绿色工厂创建项目的资金和资源投入，并于 2019 年通过工业和信息化部绿色工厂认证。同时，该公司重视信用建设，于 2017 年获得企业环保信用等级绿色级别，2019 年通过了清洁生产认证。

（二）项目概况

电动汽车充放电及分布式能源的智能管理系统是三菱电机 E-JIT（Environmental and Energy-Just In Time）理念的运用实例。E-JIT 是指“必要的时间必要的场所使用适量的能源和资源”，是三菱电机独家提出的绿色制造综合解决方案，该方案运用信息技术将对提高生产效率、优化能效、降低环保负荷等因素进行综合分析和控制，在达到生产过程效益最大化的同时，实现真正的绿色制造。

2018 年 11 月起，三菱电机（常熟市）工厂内导入由电动汽车（EV）、太阳能光伏发电系统（PV）组成的能源管理系统。系统总体逻辑架构如图 2-5-1 所示。

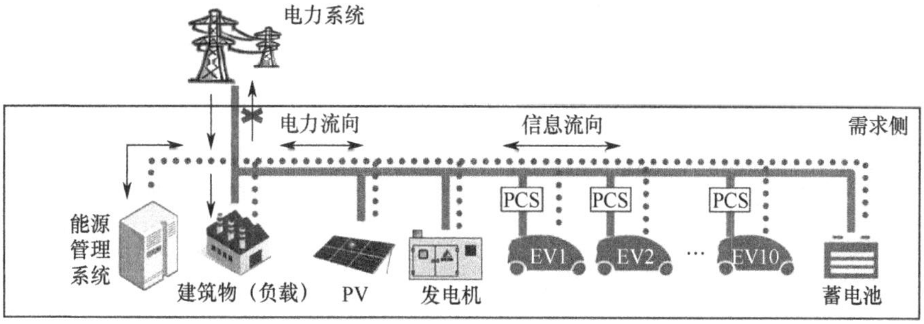

图 2-5-1　系统总体逻辑架构

本项目将 EV 作为建筑物的蓄电池加以利用，并与阶梯电费单价联动，预测 PV 发电量，优化 EV 的充放电时间表，削减建筑物的电力成本及实现用电负荷曲线的“削峰填谷”，提高电力系统的稳定性及减少电力设备的固定投资，降低电力需求侧的使用成本。

二、主要做法

（一）实施背景

目前，我国大力推进电动汽车普及，制定了 2030 年新能源车的销售量达到汽车总销售量 40%的国家目标。截至 2020 年年底，我国新能源车的累计销售量超过 500 万台。另外，我国政府正在大力推进水力发电、风力发电和太阳能发电等分布式能源的建设，以此降低煤炭等高环境负荷能源使用占比，在提高能源系统效率的同时治理大气污染。

然而，大量电动汽车充电时会给电网系统带来巨大的压力，导致电力短缺及电网系统的不稳定，容易引发电网系统安全问题。另外，光伏等分布式能源的发电随天气变化较大，供应不稳定，大量的分布式能源并网会导致电网系统波动，引发电网系统安全问题，发电量充足时会有弃水、弃风、弃光的现象，造成资源的严重浪费。

（二）总体思路

近年来，将分布式能源的电力储存到蓄电池或 EV，并根据用电需求进行放电来削减高峰电力的能源管理技术被相继开发。该技术有助于提高再生能源的利用率和对电网的友好性。和固定的蓄电池相比，EV 具有更高的移动性，更强的充放电性能，同时 EV 更是智慧城市发展中不可或缺的重要的一员，将 EV 既作为电源又作为负载的传输接收电力的能源管理技术正受到广泛的关注。

三菱电机电动汽车充放电（V2X）设备不仅可以给 EV 充电，还可以把 EV 蓄电池的电在必要的时候释放到微电网，在工厂内部消耗。EV 作为移动发电站，可以实现充放电控制，与不稳定的分布式能源形成互补，达到综合利用的目的。

（三）运营流程

本项目基本按照以下步骤实施：成立项目实施小组→项目企划→能源管理系统开发→设备导入→系统搭建→试运行→项目正式运用。

在每个阶段定期召开会议对项目状况进行确认。

（四）实施路径与方法

（1）通过 EV 充放电时间表的优化计算，将建筑物的电力成本削减 5%。

用联合建筑物内多台停车中的 EV 和多个 PV 等发电设备，预测需求电量和 PV 发电量，通过将电力成本最小化作为目标函数的优化计算，实现“削峰填谷”。进行优化计算时，需要输入合同电量、电费单价、需求电量、EV 的行驶计划等，将接受电力容量、供需平衡、蓄电池的最大/最小充放电量等作为限制条件，制订各电源设备的运转计划、充放电时间表。基于能源管理系统的电力成本最小化示意图如图 2-5-2 所示。

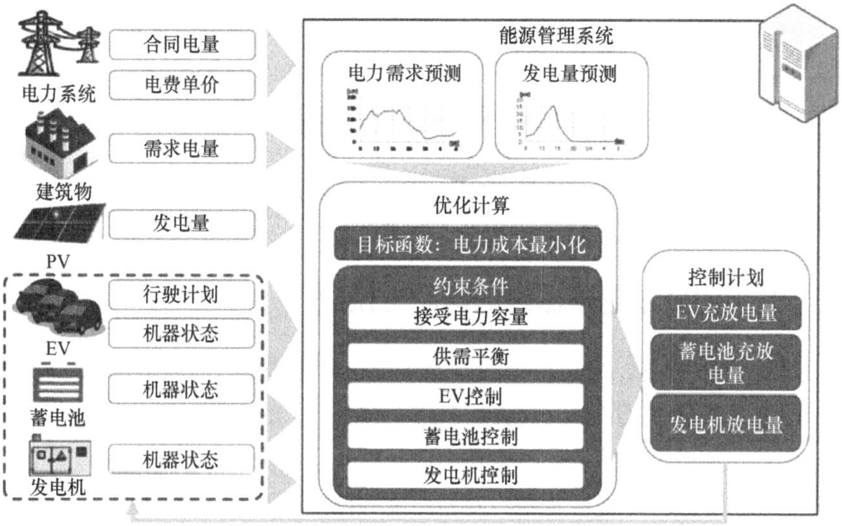

图 2-5-2　基于能源管理系统的电力成本最小化示意图

（2）通过阶段性控制，即使改变 EV 的使用安排也可以抑制电力成本的增加。

将“1 日计划”（制订 1 日数次、未来 24 小时内的充放电计划）、“计划修正”（制订以数分钟为周期、未来数小时内的充放电计划）、“控制计划”（以数秒为周期制订计划）进行组合，一方面对从系统购买的电力和 EV 充电量进行监测，另一方面修正来自充放电计划预测的偏差和 EV 使用安排的偏差值，改善行驶计划和充放电时间表的精度（见图 2-5-3）。

电动汽车充放电及分布式能源的智能管理系统对电动汽车的充电连接和解除状态进行监测，对处于连接状态的 EV 以分钟为单位实施电力成本最小化处理，细化的充放电时间表可以在计划变动情况下依然实现抑制电力成本增加的效果。

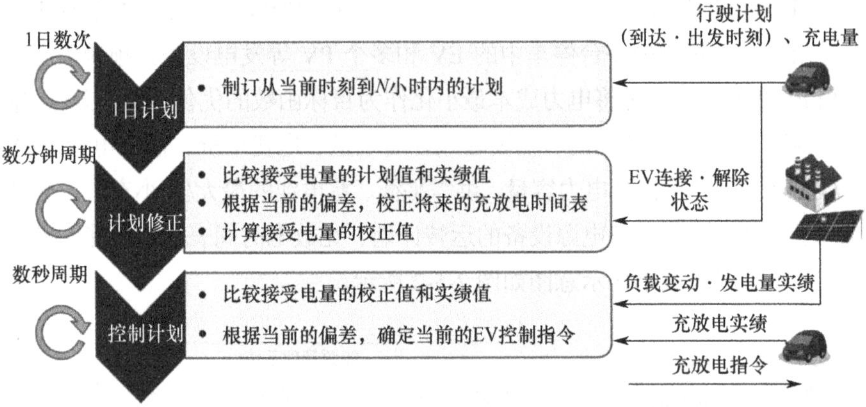

图 2-5-3　计划修正方法示意图

项目实施过程中为达到精确预测效果，除使用算法模型优化外，还引入了三菱电机最新的人工智能 Maisart 进行辅助。

（五）实施过程中出现的问题与挑战

在构筑系统时，电动汽车的电是否被允许释放到主干电网成为主要顾虑，即选择实现 V2G（Grid）还是 V2F（Factory）的问题。V2G 在技术上较为成熟，三菱电机的系统在日本本土已经有很多实例，但我国国家政策目前只允许光伏等分布式能源上网，对蓄电池等储能并没有明文规定。

三菱电机通过控制，在能源管理系统构筑上阻止 EV 通过 PCS 所放出的电力逆流到外部电网，并在工厂内部进行消耗。

（六）未来建设方向

这次试点首先放在工厂进行是因为在我国，工业部门的电力消耗最大，约占整个发电量的 70%，并且用电成本也较高。对于需求侧，该能源管理系统将对工厂的电力系统管理做出积极贡献，帮助工厂削减电力成本，促进产业发展。未来，当我国有需求响应、实时电价、电网调度等应用场景时，该系统作为虚拟电厂，将在能源优化、电力稳定性、安全性上发挥重大作用。

三、经验效果

（一）项目对企业自身的效益

本项目以工厂十分之一的用电量为模型，系统规模为 6 台 EV（标称电能容量 24 千瓦时/台，实际电能容量 13 千瓦时/台），一个发电功率 50 千瓦的 PV。经过 8 个月的示范运行，平均每日可节约电费 125.6 元。整体效益明细如表 2-5-1 所示。

表 2-5-1　整体效益明细

日期	电费削减（元/日）	电费削减率	光伏发电量（千瓦时/日）	EV 运行模式
2018 年 11 月	62.8	3.06%	93	员工上下班（夜晚回家后不补电）
2018 年 12 月	57.6	1.90%	62	
2019 年 1 月	67	1.75%	67	
2019 年 2 月	90.5	3.13%	72	
2019 年 3 月	176	6.55%	161	定置电池、接送班车
2019 年 4 月	173.7	5.30%	164	员工上下班
2019 年 5 月	205.6	5.80%	205	接送班车
2019 年 6 月	171.7	6.30%	181	定置电池、员工上下班（夜晚补电）

对 2019 年 3 月数据进行分析，电费削减率为 6.55%，电动汽车和分散电源的联合利用效果明显（光伏发电量会因为天气情况变动很大，但是 EV 调节效果非常稳定，二者联合比单一使用时效果好）。2019 年 3 月每个工作日效益如图 2-5-4 所示。

（二）项目社会效益

将分布式能源的电力储存到 EV，可提高再生新能源的利用率，有效解决弃水、弃风、弃光问题。同时，可降低对煤炭火力发电的依存度，降低大气污染的排放量，有效解决煤炭火力发电带来的环境污染问题，为构筑绿色社会做出贡献。

通过释放预先已储存到 EV 中的电力，可以实现“削峰填谷”，减少系统的供电负荷，提高系统的稳定性和安全性，削减电力设备固定投资，减少用电成本。

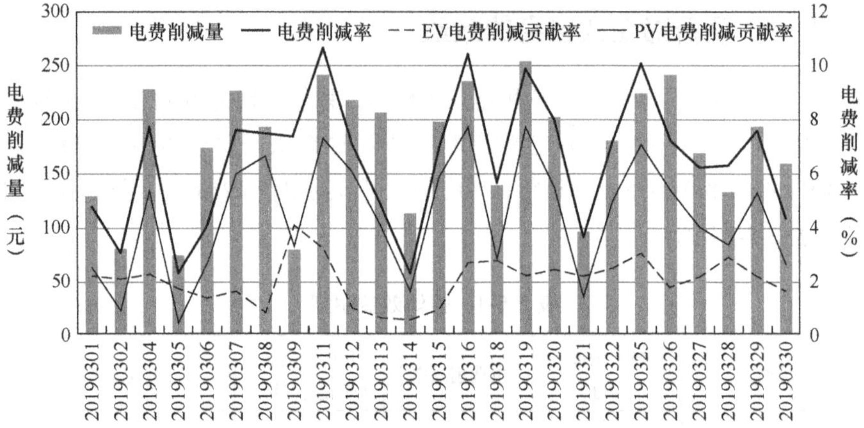

图 2-5-4　2019 年 3 月每个工作日效益

通过灵活使用 EV 的可移动性,为电力供给不便的偏远地区提供稳定的、绿色的生活电力或应急电力，对建设绿色的社会生态有一定的推动作用。

（三）项目参考意义

根据权威机构预测，到 2030 年我国 EV 保有量将达到 5000 万辆，EV 储电量每日可达 15 亿千瓦时，相当于 6 个三峡大坝的发电量。该项目面向制造行业的电力需求侧，综合利用分布式能源和未来大量普及的新能源汽车，以互联互通的形式将两种电力主体集成到能源管理系统中，能源管理系统通过人工智能对 EV 的充放电实行最优化控制。在实际应用中，工厂可以利用员工上下班时间固定、有较长停车时间的特点，有效提升供电系统稳定性，缓解工厂供电成本高、用电量大的压力。这样的案例为我国首例，有可借鉴意义。随着 5G、电力需求响应的发展、EV 的普及，该项目模式在绿色制造、节能领域将有长足发展。

案例六

物流行业：浙江明度智控科技有限公司 H-Speed 悬挂式袋装物料智能装车系统

一、基本情况

（一）企业概况

浙江明度智控科技有限公司（以下简称明度智控）成立于 2017 年 5 月，是一家以智能物流系统和数字化工厂业务为基础、软件和控制技术为核心、工业物联网平台为载体，为工业企业提供从研发、生产到仓储物流的全周期解决方案的高新技术企业。该公司新近研发的物料智能装车系统为水泥企业提供袋装物料智能装车系统解决方案，融合了业界先进的机械、电气、信息化、大数据、人工智能技术，实现了工厂无人化、数字化、无尘化。

该公司属国家认定的高新技术企业，是经认定的杭州市高新技术研发中心、杭州市经信局发布的杭州市第一批数字工程服务机构，同时也是阿里云 IoT 战略合作伙伴、中华全国工商业联合会医药商会常务理事、中国机械工业联合会智能制造分会发起会员单位。

该公司拥有一支由自动化、信息化、智能仓储物流、工业物联网、工业机器人等领域的技术人才及专家组成的专业团队，依托丰富的行业经验及项目实践积累，已为国内多家大型制造业企业提供了智慧工厂服务。目前，该公司在职员工 116 人，从事研发的科技人员 43 人，占比超过 37.07%，具有硕士、博士学历的人员 19 人。该公司已获得国家高新技术企业认定，申请专利、软件著作权专利达 42 项（已获授权专利 15 项，其中授权发明专利 3 项）。

（二）行业介绍

袋装物料广泛分布于农产品、化工、建材等行业，目前国内袋装物料的装车作业主要依靠人工，效率较低且劳动强度大，并存在诸多危害。根据权威机构的检测数据，在人工水泥装车过程中，每立方米空气中所包含的颗粒物高达40多万微克，超过国家标准的115倍；对比PM2.5的数值，当PM2.5为50时，人会处于一个比较舒适的环境中，当PM2.5达到200时，已经属于重度污染，然而水泥在装车过程中的PM2.5达到了40多万微克，危害极大。

粉状物料（如水泥、化肥）对人体的危害巨大，常见的危害包括皮肤病、骨骼损伤、尘肺病等20多种疾病。由于水泥制造行业存在巨大的身体健康危害，以及该行业繁重的体力劳动、低廉的报酬，水泥厂即将面临招不到工人的严峻形势。此外，有的粉尘易爆炸，作业环境存在安全隐患。

（三）项目概况

明度智控通过对典型水泥现场的调研，选择洛阳中联水泥有限公司作为人工装车智能改造升级的试点，研发了H-Speed悬挂式袋装物料智能装车系统，并在该试点成功运行。目前，该系统已经在洛阳中联水泥有限公司厂区内正式投入使用，并且已经运行满1440小时，装车吨数达129600吨，装车数量6300余车，完全能够匹配现场包装机97.5吨/小时的台时需求；其停机报警故障率低至0.3%，溜包率仅为0.25%，可以在一名管理人员的管理下进行自动装车作业，且装车效果良好，受到工厂内部人员一致好评。

二、主要做法

（一）实施背景

建材水泥行业的人工装车面临以下几个困境。

一是招工难。不同地区有不同的报酬，但是无论哪个地区，工人所得报酬都与所受到的危害不成正比。典型的人工装车现场如图2-6-1所示。数据显示，2017—2018年，水泥制造行业从业人员减少12.8万人，同比减少18.2%。

图 2-6-1　典型的人工装车现场

二是国家监管严格。国家规定标准粉尘浓度为 4 毫克/立方米，而水泥装车作业最高粉尘浓度为 463.02 毫克/立方米，超过国家标准约 115 倍。高粉尘浓度受到了国家的严格监督。

三是过程不透明。装车数据不透明，现场操作存在失误甚至利益输送的可能，导致不必要的管理损失和监督成本。

因此，水泥行业急需一套环保、高效、自动化与信息化水平较高的装车系统，同时需构建一个基于物联网的自动化、数字化、智能化、低成本的配送体系，实现经济效益与社会效益双赢。

（二）总体思路

通过对海螺、华新、南方、尖峰、中联等典型水泥生产企业的装车业务进行现场调研，明度智控组织机械、电控、软件、算法等多领域工程师联合研发，在工厂反复实验，研发出国际领先的智能装车解决方案。

该方案以替代人力的全自动码垛装车机为核心，结合物联网、边缘计算、云计算、大数据等多种技术手段，实现全流程无人化，保证工人远离粉尘，提高了设备的运行效率及可维护性，加速了绿色制造体系建设。该方案引入激光轮廓扫描技术，部署激光雷达实时获取车辆轮廓点云；在边缘端的装车机上部署大量传感器，通过物联网关实时采集设备的运行数据；采用云边协同技术框架，边缘端将所有采集到的数据一起上传到云端；在云端部署大数据平台，基于海量数据进行车辆识别模型、垛型模型、设备维护模型等模型计算；在边缘部署装车中控系统，对接云端下发的算法模型及激光测量系统、装车机进行实时控制。建立全国统一的云装车运维平台，与各工厂的中控室运维平台相结合，以工厂现场运维为主，云装车平台数据监控为辅，持续为工厂现场提供及时的数据服务及技术支持。

（三）多车型适用的自动化装车方法

明度智控自动装车机采用落包式的装车方法，在车宽方向配置两组可左右运动的 RGV 小车，设备位于车辆护栏上方 200 毫米左右的位置，通过开门自由落包的方法装车（见图 2-6-2）。设备的运动空间大于车厢的范围，同时可适应停车偏差的情况，还可适应各种类型（三轮车、平板车）和各种特征（C 型、平板、凹型）的开放式货车的无人值守式装车，且覆盖了 95%以上的车型，符合中国建材水泥行业的现实需求。

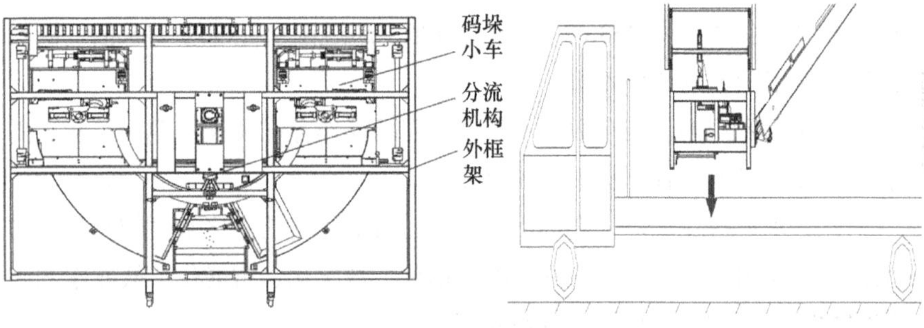

图 2-6-2　落包式装车方法

（四）云端边缘端协同技术框架

边缘控制对实时性要求较高，但边缘计算设备运算能力有限，车型测量、垛型计算、预测性维护都需要用到云端边缘端协同技术。边缘的传感器大量采集数据并上传云端，大数据层面的模型运算都放到云端，云端计算好模型后下发到边缘的装车中控系统，由装车中控系统实时对现场进行控制。

如图 2-6-3 所示，明度智能化装车系统从下至上包括四层：物理层、边缘计算层、统一接口层、云计算层。

（1）物理层包括装车机械设备、激光检测设备、监控设备、读卡器，以及有对接需求的第三方系统如 ERP、WMS 等数据来源。

（2）边缘计算层由智能网关、工控机等组成，实现现场各设备的控制，各设备数据的采集和实时分析处理，云端下发的规则、模型、算法的执行，并将数据经统一接口层上传至云端等功能。

（3）统一接口层以标准的、常用的通信协议为载体，连接边缘计算节点和云端服务，使数据在边缘和云端流动，同时提供安全认证功能，保障数据的安全。

（4）云计算层主要包括：车辆检测——基于点云数据持续优化，计算高效率的车辆特征识别模型；垛型模型——通过垛型仿真计算得出高效率的垛型模型；故障诊断——实现装车设备的远程预测性维护，减少设备维护成本；BI 报表——对整个水泥发运环节的数据进行信息挖掘和分析，进行报表展示，支持决策和优化管理。

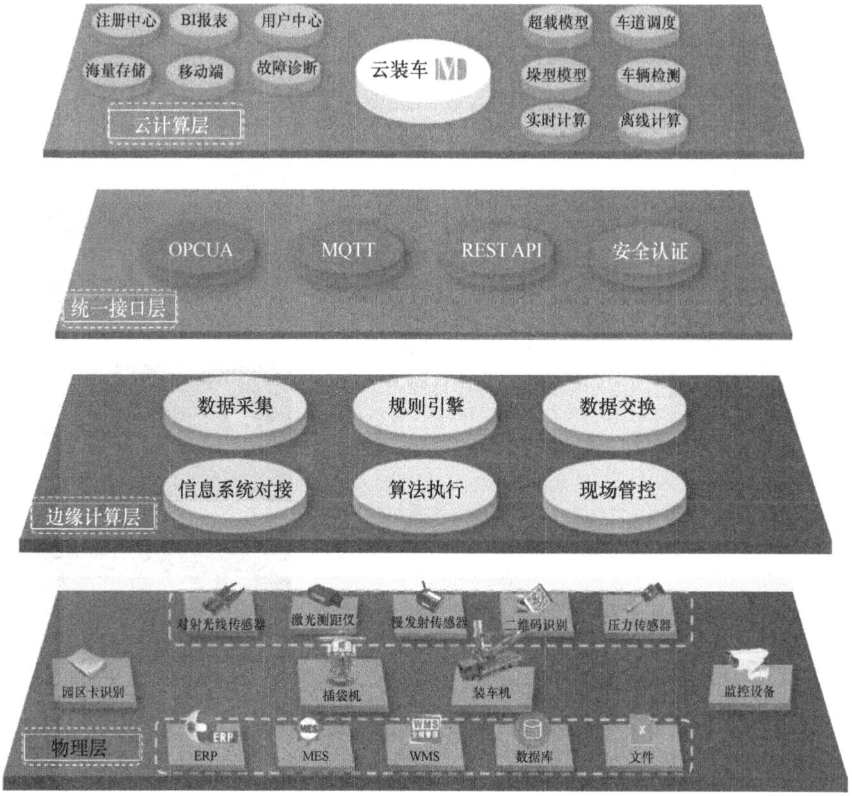

图 2-6-3　云边协同技术框架图

（五）无人值守式车辆规格检测系统

自动码垛的前提是准确获取车辆规格数据，目前国内外常用的解决方案是建立车辆数据库，需要投入较多人力测绘一定时期内来装车的车辆规格数据，绑定车辆车牌后存入车辆数据库。这种方案对于数据库外的车辆及后续存在改装的车辆无法执行装车，仍然需要通过人力测量数据。

明度智控结合测量对象及运行环境多粉尘的实际情况，利用激光雷达设计出测量范围大、抗干扰能力强、准确、快速的测量系统，真正实现了车辆规格测量的无人化。

1. 检测系统构架

激光雷达的安装与应用如图 2-6-4 所示。将激光雷达安装于车辆上方，由旋转工作台带动二维激光雷达旋转一周，能够测量得到被测车斗的三维点云数据，然后根据扫描得到的点云数据提取尺寸及位姿信息。

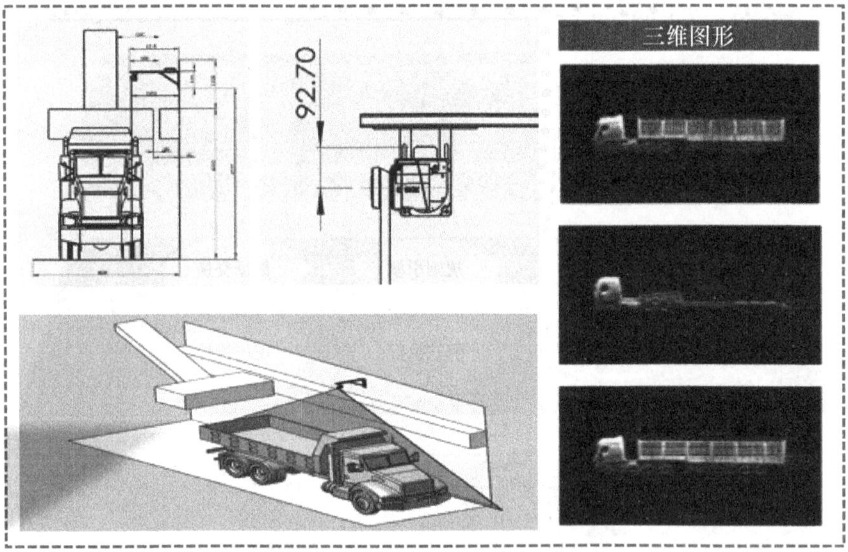

图 2-6-4　激光雷达的安装与应用

2. 数据的处理

原始扫描数据为二维数据，并不能直观地反映对象的三维信息。为获取车辆的位姿与尺寸信息，并还原其三维模型，还应对点云数据进行后期的数据处理，其中包括多份二维坐标转换为三维点云数据；通过双边滤波实现噪点过滤及车辆整体轮廓识别提取；通过 NARF 算法实现车辆关键点提取；车辆长、宽、高等特征计算；自适应码垛算法。

由于国内水泥厂的运输车辆型号繁多（C 型、平板、凹型），规格差异巨大（长 2.5 ~ 14 米），垛型计算颇为复杂。智能装车系统通过激光测量长期积累车辆数据，在云端采用人工智能决策树和向量机技术持续优化垛型模型，模型计算通过以下机制保证码垛算法可靠、高效。

码垛算法基于车辆特征数据和水泥包规格数据，预先计算每个水泥包的坐标，精准规避车内凹型突起、尾部突起等复杂状况。支持全横、三横两竖、两横一竖、尾部竖包等多种自适应垛型（见图 2-6-5），有效降低包间缝隙，保证车厢内高利用率。装车机械在高速运转时，逆机械运动趋势运行会导致机械降速。码垛算法控制装车机械纵向、垂直方向蛇形走位，减少机械的运行距离，提高码放速度。装车机械与车辆的垂直距离太高会导致水泥落包时溅起粉尘，最好的方式是装车机械贴车运行。码垛算法计算每行水泥包落包时装车机械的垂直位置，既能规避突起，又能减少粉尘。

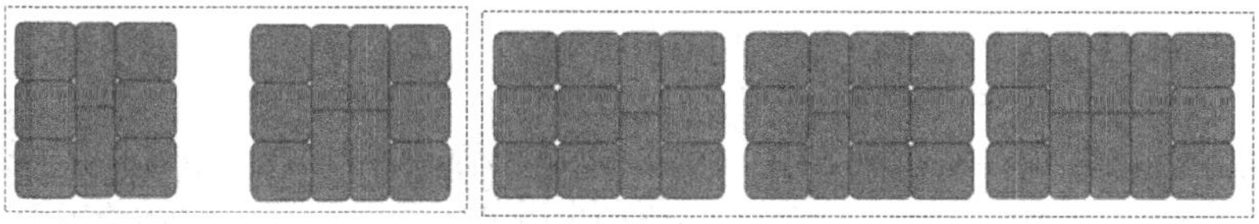

图 2-6-5　自适应垛型

智能装车系统支持装车垛型效果仿真，管理员可基于下发的模型调整车道参数或垛型参数，之后可以导入典型车辆数据对参数调整效果进行仿真，保证实际装车时参数调整准确有效。

（六）云装车运维平台

智能装备技术含量高，为保证系统稳定运行，工厂维护人员需要学习多领域的知识，智能装备部署到工厂后普遍面临维护难的问题。明度智控开发了全国统一的云装车运维平台，通过智能感知、预测性维护、远程运维等技术手段，降低运维成本，提高设备利用效率。

明度智控智能装车机上部署了大量传感器件，实时收集电机类、气缸类等装车机各类部件的运行数据和运行状态，并实时上传到云平台。云装车运维平台实时监控每个客户每台装车机的实时状态，通过装车动画掌握现场的实时进展、设备的实时运行参数。装车进展监控动画如图 2-6-6 所示。

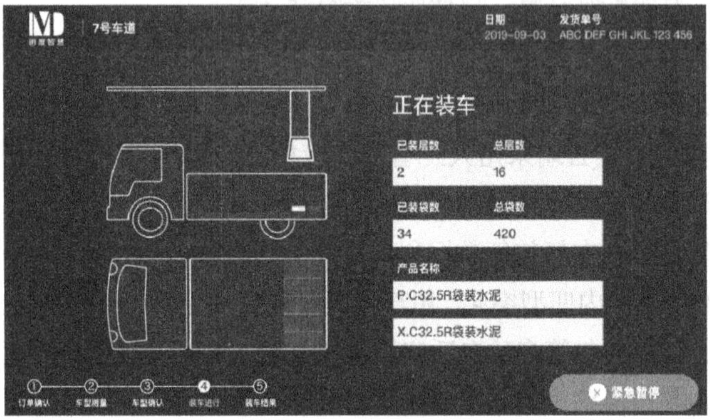

图 2-6-6　装车进展监控动画

云装车运维平台运行设备故障模型算法，通过循环神经网络对运行状态和设备故障进行多元回归分析，提炼出设备故障数据模型和核心参数指标运行趋势，计算出部署在工厂的每台装车机的维保方案，其中包含设备维保计划、部件备货方案、维保工程师调度方案。

云装车运维平台将维保方案定期下发到边缘装车中控系统，在达到阈值前提前报警，通过三维图准确提示维保部件（见图 2-6-7），减少保养过度和保养不足的情况，缩短设备停机时间。

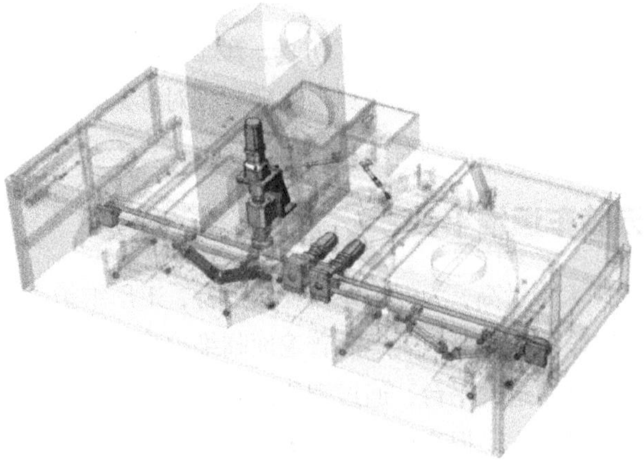

图 2-6-7　维保提醒

云装车运维平台从设备、车辆、运营效率三个维度建立 BI 报表，支持集团、工厂、车道三个层次的钻取分析，方便用户对问题车辆、问题装车机、问题环节进行分析与识别，帮助用户掌握装车机运行状态、运行效率、订单发货进展、订单按时完成率、司机逗留时间等关键数据，帮助工厂管理层决策。装车业务综合指挥中心看板如图 2-6-8 所示。

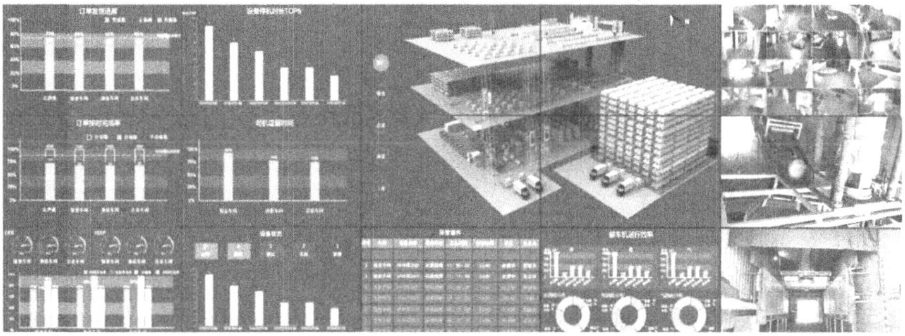

图 2-6-8　装车业务综合指挥中心看板

三、实施运营中的问题与挑战

（一）满载溜包

在实际装车过程中，货车满载现象较普遍。如图 2-6-9 所示，部分车辆量化指标达到 2.35 吨/平方米，满载后装载层高甚至可能超过车顶两层，这加大了垛型计算的难度，既要保证自动装车速度，又要保证垛型整齐无溜包。

图 2-6-9　袋包装载量示意

改进方案：垛出车厢塔形堆放。原有算法基于车厢内构造设计，在放包时考虑规避车内突起即可。车辆满载后，水泥垛通常会超出车厢。为保证垛出车厢后水泥包层间的稳定性，使水泥不掉包，进行了算法调整，在水泥垛出车厢后，先基于车边支撑外扩，之后基于高度逐层左、右、后缩进，保证垛出车厢后层间呈塔形构造（见图 2-6-10）。改造后基本没有溜包现象。

图 2-6-10　塔形码垛示意

（二）场地利旧

客户场地原有车道是按照人工装车作业进行设计的，二楼层高较低，往往无法满足自动装车作业的需求，导致场地需要进行土建改造，成本非常高。

改进方案：多级伸缩联动技术。根据车型及装载量的不同，在装车过程中，行走提升机构高度方向行程达到 2.5 米左右，前后行走距离大于一个车长（预留安全空间）。利旧场地的多维度适应示意如图 2-6-11 所示，通过设置行走机构的多级提升及平移皮带的多级伸缩，可有效降低高度和长度的需求，客户不再需要进行土建改造，可以有效利旧，资源利用更加集约。

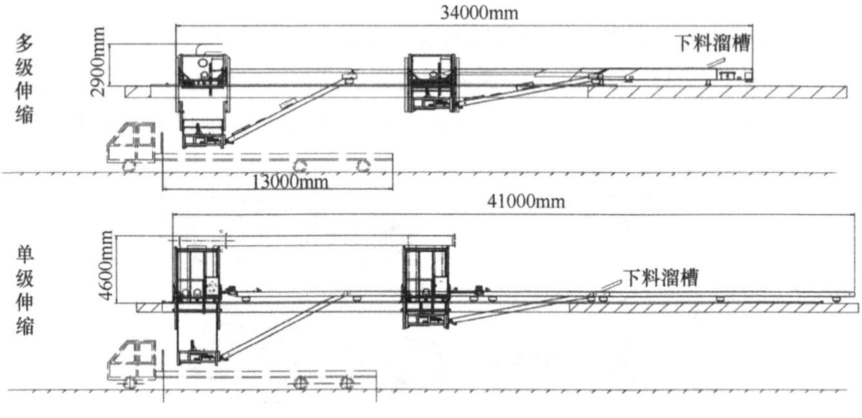

图 2-6-11　利旧场地的多维度适应示意

（三）未来建设方向

根据中国水泥行业出货数据，水泥装车行业市场容量约为 480 亿元，预计该系统 2021 年年底推广产量将达 1000 套，在 2021 年年底基本推广到所有头部客户市场。

各水泥公司通过 H-Speed 悬挂式袋装物料智能装车系统实现袋装水泥装车的自动化、智能化，既符合国家的战略方针，又能为公司节省成本，满足公司效益需求。

四、经验效果

（一）经济价值

通过研发 H-Speed 悬挂式袋装物料智能装车系统，解决了水泥厂的实际问题，具有以下价值。

（1）实现了机械换人。H-Speed 悬挂式袋装物料智能装车系统替代了人工装车的传统模式，实现了装车无人化，解决了工厂招工难的问题。

（2）降低粉尘浓度。H-Speed 悬挂式袋装物料智能装车系统通过高效的收尘系统，使现场粉尘浓度降低到 3.1 毫克/立方米，达到了国家环保标准，符合国家法律法规的要求。

（3）建设绿色工厂。《绿色工厂评价通则》于 2018 年 12 月 1 日起正式实施，创建绿色工厂是我国提出的战略性任务，在水泥建材行业实现绿色工厂正是国家的期许。使用 H-Speed 悬挂式袋装物料智能装车系统能够满足低碳、环保的重点要求，达到建设绿色工厂的基本要求。

（4）降低成本。一年装 90 万吨水泥需投入人工费大约 165 万元，而通过 H-Speed 悬挂式袋装物料智能装车系统，可以大幅降低企业成本。

（5）运营更透明。装车过程自助化、无人化，减少了人员干预。装车机械中部署了众多传感器，通过物联网实时采集运营数据，生成管理层报表，管理更透明。

（二）经济效益分析

以洛阳中联水泥有限公司的实施项目为蓝本，将人工装车与智能装车系统进行成本对比，如表 2-6-1 所示。

由于减少了人工的投入和管理成本的投入，有效地降低了企业生产成本。在 24 个月之后装车系统的生产成本即低于人工装车成本，即设备回收年限为 2 年。另外，设备的使用寿命为 10 年，根据年产 40 万吨计算，将为企业节省 559.6 万元的生产成本。

表 2-6-1　人工装车与智能装车系统成本对比

	人工	管理成本	耗电量	用电价格	设备售价	总成本	年产 40 万吨 10 年运行成本
人工装车	1.5 元/吨	18 万元/年	0.088 千瓦时/吨	0.5 元/度	20 万元	1.544 元/吨	817.6 万元
H-Speed 悬挂式袋装物料智能装车系统	—	6 万元/年	0.24 千瓦时/吨	0.5 元/度	150 万元	0.12 元/吨	258 万元

本项目潜在经济效益主要是在应用本项目后可以为水泥企业提供更大的降低成本的空间，后续设备的升级可以提高效率，间接促进生产成本的进一步降低。同时，购买水泥的用户可以快速检测到自己所购买水泥的数量是否准确。

（三）社会效益分析

（1）环保是目前国家对企业生产的重点要求，使用自动设备可以减少粉尘的产生，减少对工人的危害，达到绿色工厂的标准要求。

（2）随着用工费用上涨，水泥企业成本增高，本项目的实施可以帮助水泥企业降低成本，改善水泥企业的经营环境，保证水泥市场的稳定发展。

（3）本项目应用国内先进的主流技术，推动了水泥装车行业的科技化进程，提高了水泥企业的运营效率。

（4）本项目可以完全替代进口产品，符合我国政府坚持自主创新的政策，符合国家战略方针，提升了我国相关领域的科技实力。

（四）绿色制造效益分析

H-Speed 悬挂式袋装物料智能装车系统由自动化机械、应用软件、车辆检测系统、视频分析、收尘系统组成。自动化机械替代了人执行高负荷的体力劳动，收尘系统保证了整个装车过程中清洁无尘。软件系统是整个产品的“大脑”，通过数据的流动，减少了人的干预，让整个产品更加智能、安全可控。该系统从根本上实现了工厂的无尘化、数字化、无人化，工人的工作由高污染环境下的体力劳动转型为办公室中的信息化劳作。

案例七

物流行业：中钞实业有限公司基于物联网的可循环包装箱

一、基本情况

（一）企业概况

中钞实业有限公司是中国印制造币总公司的全资子公司，为中国人民银行提供全国的银行票据印制管理服务及人民币包装箱的生产供应服务。该公司在保定拥有专业的包装箱生产基地，目前负责全国人民币包装箱的生产，近年来先后完成了人民币塑料包装箱研发和生产、基于 RFID 技术的人民币循环包装箱研发，在保定生产基地成功完成了 RFID 循环包装箱样箱的生产并通过了安全性能测试。中钞实业有限公司对于塑料包装箱结构设计、材料研究、信息化方案等有丰富的案例开发经验；该公司下属的保定塑料制品生产基地也拥有适用于塑料包装箱的测试设备及环境，能够满足研发需要的基本物质条件，有利于研发工作的开展。

（二）项目概况

本案例主要利用 RFID 技术，设计一种可循环使用的智能物流包装箱。该包装箱可以智能解锁，自动识别商品信息，并通过电子墨水屏实现多次输入发件人和收件人信息，从而实现包装箱的重复使用，降低发件人的邮寄成本，并且减少资源浪费，实现节能环保。

通过本案例的开展，中钞实业有限公司在物联网应用技术方面取得了新的技术突破，创建了具有自主知识产权的循环使用物流包装箱控制应用体系，并着重在无源电子锁、可复用高强度包装箱、抗冲击、抗跌落、防拆解、自保护结构设计、智能人机交互设计等方面取得了成果，使案例产品具有广阔的推广前景和实际应用价值。本案例为进一步推动物流包装箱循环使用，更好地保护用户隐私，节约电商物流成本，减少纸箱、胶带、标签纸等一次性物品造成的资源浪费和环境危害产生了积极影响。

二、主要做法

（一）实施背景

当前我国提倡生态文明建设，发展低碳经济，但随着电商时代的来临，我国在快递物流业务量迅猛发展的同时，也带来了快递包装物料的极大消耗，数以百亿计算的快递包装垃圾，造成了环境的污染和资源的浪费。据预测分析，若不采取有效的措施予以控制，依照当前快递的发展趋势，2025 年我国快递包装材料消耗量将达到 4127.05 万吨，将带来巨大的资源负担和环境压力。调研数据显示，北京、上海、广州、深圳、天津、重庆、南京、武汉等城市中心电商包装废弃物已成为城市生活垃圾的主要组成部分，部分大型城市电商包装废弃物占生活垃圾的 85%～90%，部分二线城市电商包装废弃物占生活垃圾的 75%。以上现状与国家提倡的低碳经济理论相违背，引起全社会的关注，包装箱的回收再利用也越来越受到重视。

（二）问题描述

我国一直致力于推动循环使用物流包装箱，在电商的物流中转、配送中已经开始大量采用可多次循环使用的塑料包装箱，以解决电商物流过多使用一次性纸箱的问题。然而，由于缺少有效的解决方案，塑料包装箱目前仍然难以挑战一次性纸箱的支配地位，其中较为典型的问题包括：一是包装箱普遍采用的一次性物理签封难以有效防范周转途中被非授权开箱；二是内置物品记录、盘点通过手工方式完成，配送途中会出现偏差、错误和及时性不够的问题；三是“共享快递盒”无法由用户授权开箱，带来用户隐私泄露的风险。

（三）总体思路

随着 RFID 技术的日趋成熟和应用网络的完善，电子化物流包装箱发展成为必然趋势，同时电商中转物流、用户配送也更加需要采用安全、高效、环保的循环物流包装箱。可循环使用包装箱是一种代替传统一次性快递包装的绿色环保塑料包装箱，采用聚乙烯作为箱体，嵌入电子密码锁和电子墨水屏。可循环使用包装箱可以现场回收，再次循环使用，并且箱体材料可以100%回收再利用。

可循环使用包装箱整体结构效果如图 2-7-1 所示。

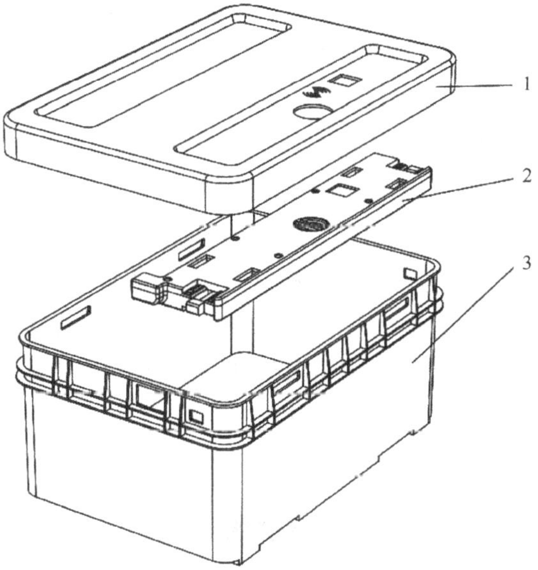

1.箱盖　2.电子签封　3.箱体

图 2-7-1　可循环使用包装箱整体结构效果

可循环使用包装箱包括箱体、箱盖和嵌设在箱盖内部的电子签封。其中，在箱体和箱盖上设置有对应的锁扣结构，电子签封中设置有无源电子锁，通过无源电子锁的闭锁与开锁来控制包装箱箱盖的锁止或开启。

（四）实施路径与方法

1. 可循环使用包装箱结构设计

可循环使用包装箱结构设计基于包装箱安装电子锁后必须满足抗撞击、

抗跌落、抗低温等指标要求。首先，在箱体结构设计中采用了斜扣件工艺，这种设计使包装箱合盖简单、结合牢固，在撞击摔落等情况下，无论哪个方向都可使冲击力直接导向箱体，而不通过锁舌受力来避免箱盖非正常开启，从而更有效地保护箱盖内的电子锁和内容物的安全。其次，包装箱可实现堆垛码放，在无箱盖空箱套合码放时，还能大大节省存储和运输空间。另外，包装箱全程操作简单，盖箱时只需向下压箱盖，便于流水作业生产的自动化，当箱盖被机械手操作放置后能简便、准确地自动定位扣紧在塑料箱体上，然后通过指令控制电子锁即可进行闭锁封箱操作。

2. 电子签封和电子墨水屏设计

包装箱中精密机电一体化控制的电子签封包括射频模块、天线、无源电子锁、储能模块和电子墨水屏。

通过设计 RFID 天线，使箱体与储能模块连接，在扫描射频标签时能够从天线回路中产生电流，从而获得能量并存储，供无源电子锁使用。使用无源电子锁，消除了可循环使用包装箱中使用电源或电池的安全隐患，保证了可循环使用包装箱用于物流环节的仓储及运输时的安全。

电子墨水屏则采用 NFC 动态标签模组进行数据传输和读/写操作，用于显示无源电子锁的开闭锁状态及订单信息。通过使用电子墨水屏取代纸质标签，使可循环使用包装箱可以无限次循环使用，有效减少了快递、物流配送一次性包装及一次性标签的使用，达到了环保节能的目的。

（五）实施过程中的问题与挑战

（1）该产品涉及物联网、无源电子锁核心技术研究、包装箱设计及包装箱与电子签封集成。专业领域跨度较大，技术难度高，模块结构设计及验证大部分采用 3D 打印技术制作，研发产品的测试强度对照人民币包装箱检测标准还有差距，需进一步验证测试。

（2）该产品应用涉及环节较多，工程化及应用测试周期长、费用大，目前在研发周期内完成了关键技术攻关，达到项目攻关目标要求，但对于产品中试、大试及推广还需开展大量工作及投入大量经费。

（六）未来建设方向

（1）由传统的塑料包装箱产品向电子智能化塑料包装箱发展，产品将更具市场竞争力，能够带给用户更便捷的使用体验。

（2）该项目成果完成了技术攻关及样品制造，中钞实业有限公司将在此成果基础上，投入人力、物力进行成果转化工作，包括工程化实验、电子签封等模块的模具制造，在完成产品大试后进行规模化应用。

（3）该产品将会逐步由印钞造币行业内应用向外部市场发展，向物流企业、电商企业及第三方包装箱制造企业提供更丰富的产品与服务。

可循环使用包装箱技术若要得到推广、形成产业，还需要建立统一的标准，建立统一的系统平台，并有组织、有计划、有步骤地实施，也需要相关部门、产业链上中下游的大小企业一起携手，才能共同打造绿色环保包装可持续发展产业链。

三、经验效果

本案例设计研发的可循环使用包装箱采用的是一种安全塑料材质的环保包装。消费者签收取货后，快递员把电商包装收回，并按照运输流程发回发货仓库，实现包装的循环利用，最终从建仓、库内设备系统，到运输、包装各大环节都力争实现节能环保。用可循环使用包装箱逐步替代一次性的传统快递纸箱，可大大减少资源浪费，降低企业生产成本，具有重要的工程价值和市场应用前景。

与目前仍广泛使用的传统的一次性包装箱相比，可循环使用包装箱具有如下优势。

1. 安全性高，且开锁简单快捷

可循环使用包装箱采用无源电子锁设计，在智能化管理下，既保障了安全效能，又减少了人力、物力的成本投入。电子锁内置芯片，打开手机 App 验证身份后向箱体发送无线信号即可开锁，操作简单快捷；同时，每次开启都记录在案，出现问题可追溯到相关责任人，安全可靠。

2. 减少资源浪费，低碳环保

通过有效回收和再利用可循环使用包装箱，在较长的生命周期内大大减少了资源的浪费。由于使用电子锁而不再需要使用胶带封装，也更加绿色环保。另外，可循环使用包装箱采用可堆垛设计，减少了存储和运输空间及相关成本，减少了额外的碳排放。

3. 加强了对包装内产品的保护

可循环使用包装箱比纸质包装盒更加坚固耐用，有助于降低运输过程中产品损坏的风险，对于价值比较高的产品，或者需要在储运和运输过程中加以特别保护的物品尤为重要。

4. 可实现定位跟踪与管理

基于射频芯片的可循环使用包装箱，可实现监控和管理企业的资产和客户的货物，对仓储、物流实行全方位、自动化的监管，并可针对全程采集到的所有信息做数据分析，提供决策支持，使整个供应链更加透明化、数字化和智能化。

5. 隐私保护

可循环使用包装箱支持手机 App 开箱，因此用户收到物品后，可用自己的手机通过 App 实现开箱取物操作，无须配送人员干预，实现了用户隐私的保护。另外，可循环使用包装箱采用电子墨水屏显示箱内的物品信息，开封取出物品后，屏上信息即清零，无须再为隐私泄露担忧。

案例八

制药行业：北京诚益通基于“互联网+”先进中药制造技术的中药智能化平台

一、基本情况

（一）企业概况

北京诚益通控制工程科技股份有限公司（以下简称北京诚益通）成立于2003 年，注册资本 2.72 亿元。该公司业务贯穿生物发酵、化学合成、玉米深加工/淀粉糖/燃料乙醇、中药及植物药提取、无菌原料药及无菌制剂、固体制剂、药品包装、自动化/智能物流等生物、医药生产全过程，致力于为大健康领域的用户提供两化深度融合的智能制造整体解决方案及产品，是行业智能制造的实践者及领航者。

在“互联网+”先进制造业的背景下，北京诚益通运用新一代的信息化技术、DCS/PCS/BATCH 等控制技术、人工智能、过程分析技术，以及工业机器人等智能设备，帮助生物医药企业实现人、设备、环境与物料之间的互联互通、综合管理和质量追溯；从生产现场无人，到生产过程无人，帮助生物医药企业实施精益自动化/智能化生产方式；从数据中不断挖掘资源，真正做到数据驱动生产，在生物医药行业落地智能制造。

北京诚益通遵循质量源于设计 QbD 理念，实现“互联网+”工业控制系统“1+1>2”的创新融合，首次在行业内推出数字化设计和“一键式”设计的理念，极大地提高了设计效率和质量，有效缩短了项目建设周期，为客户节约了时间和成本；依据软件优势还为客户提供数字化交付和智能运维等增值服务，真正做到客户至上、服务至上。

（二）项目概况

中药智能化平台能够实现全面、系统采集试验和生产过程的相关数据和信息，满足质量追溯、原因分析、过程建模、工艺优化、装备验证和知识管理的需求；实现人员、设备、物料、环境、水电气等要素的统筹管理，对资源利用效益和组织运转效率进行客观评价，支持持续改进；保障现场管理、设备管理、安全管理和环境管理，最大限度地降低车间运行风险；探索数字化、透明化制药车间的建设、运维和管理模式，为提高公司制造运营能力提供经验和示范。

二、主要做法

（一）实施背景

该项目为验证先进中药制造工艺技术，解决传统中药制剂研发过程试验数据和实际大生产工艺不符的问题，采用数字化装备、数据采集与监控、智能化分析与控制、信息化管理等技术，对中药制剂研发阶段生产全过程的工艺、质量、设备参数进行控制和管理，为新产品研发和工艺改进、新技术开发和转移提供完善的软硬件平台。

（二）总体思路

中药智能化平台建有监控中心，在监控中心实现 ERP、MES、WMS 的高效协同。车间内生产设备-阀门仪表-数据采集监控系统-控制系统-MES-ERP-仓库 WMS 互联互通，构建成生产全程数据监控和采集系统。车间具备智能化生产能力，可实现对物流、能源、工艺控制、质量管理、成本等信息的监控和分析。车间生产设备采用国内先进设备，数据监控和采集系统采用国内领先系统，可保证工艺、数据采集的稳定性，生产自动化程度高，各数据接口均按 TCP/IP 进行统一，可保证跟各业务系统能够实现完美对接。

（三）实施路径及实施方法

1. 实施路径

该项目实施路径覆盖了建设中药提取车间从总体设计到各种生产线投

产的全部过程，如图 2-8-1 所示。采用了相关的智能制造技术和智能装备，涵盖车间工艺布局设计及数字化建模、智能制造执行系统、质量管理系统、环境控制系统、仓库物流系统等系统的建设；并且通过 OPC 等物联网技术对各种系统与智能装备之间进行连接，实现互联互通；在上述基础上对生产过程产生的大量数据进行大数据分析，从而进一步优化整个生产过程。

2. 实施方法

车间工艺模型设计：采用三维设计软件，进行工厂总体设计、工艺布局设计及数字化建模，系统模型采用与生产控制系统相同的数据源，建立以 BIM 应用为载体的项目管理信息化，为项目带来可视化的预览、三维管线综合、施工图纸深化设计、工程量统计、4D 施工模拟、工厂化预制及现场装配指导等，真实还原生产现场状态，引入三维理念构建一个直观的、可视的生产过程监控系统。

车间网络架构建设：采用高端的核心制造设备，将生产车间建设成生产、监测、包装自动化的生产线；采用高性能服务器、虚拟化技术、超融合技术及高容错网络管理设备对信息化基础设施进行统一规划和建设，建立一个高效的软硬件平台，以保证信息系统安全、快捷、高效地运行。系统网络提供了系统内各部分的互联互通、数据通信功能。同时，系统还提供网络对时装置，以及基于无线网络通过移动端对数据采集系统进行实时监控的功能。根据用户需求，在办公室及一线巡检的指定区域布置无线 AP 网络，实现从移动端登录监控系统实时查看现场设备的运行情况。

设备互联与集中监控系统建设：实现对生产数据的自动采集、存储、分析，以及自动化生产和电子化的监控管理，对生产工艺关键参数与质控指标的相关性进行研究，并建立数据模型，对每一批中药提取成品质量情况进行分析，实现先进控制系统、车间工艺设备、监控系统等的集成，采集数据并实现对生产流程的可视化管理。设备互联与集中监控系统架构如图 2-8-2 所示。

制造执行系统：项目制造执行系统依据中药提取产品及工艺特点进行开发设计，融入了中药提取工艺过程控制及质量控制理念，将统计控制质量模块、多因素质量风险模块、多变量工艺控制模块、智能报警分析模块内嵌到制造执行系统中；与通用的制造执行系统相比较，除标准的制造执行功能外，还强化了产品数据实时监控，生产过程分析、工艺优化、多因素的质量分析

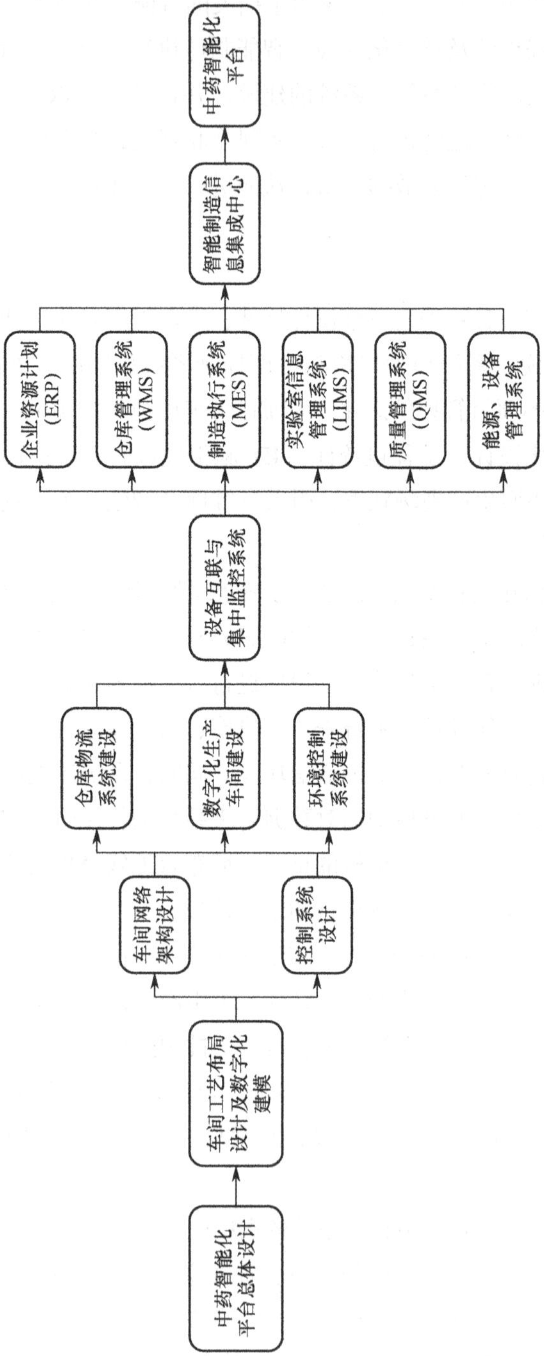

图 2-8-1　中药智能化平台实施路径

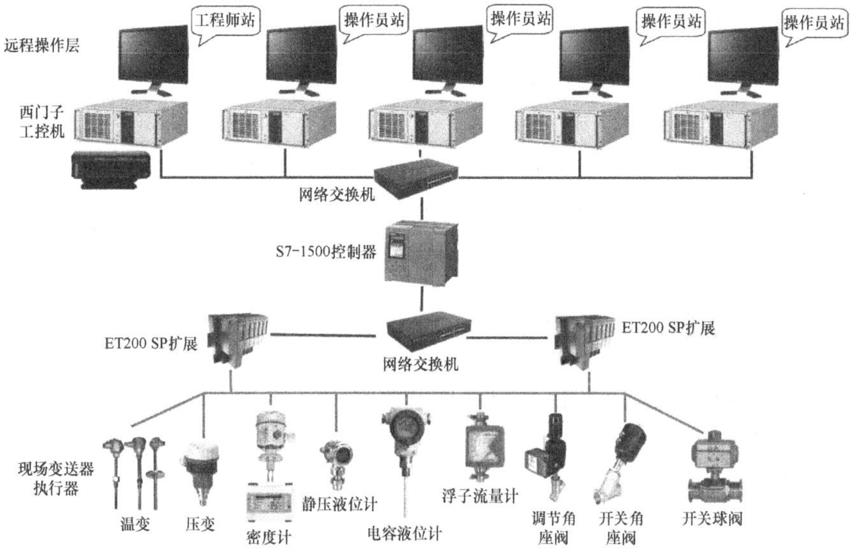

图 2-8-2　设备互联与集中监控系统架构

追溯等功能；该平台利用制造执行系统、能源管理系统、设备管理系统等业务软件智能管理产品从原料入库、配料、生产、包装到成品自动入库的整个制造周期。

制剂车间全流程智能制造信息集成中心（见图 2-8-3）：集成中心通过"一网到底"技术将现场 DCS/PLC 与集中监控层连接起来，完成生产任务的

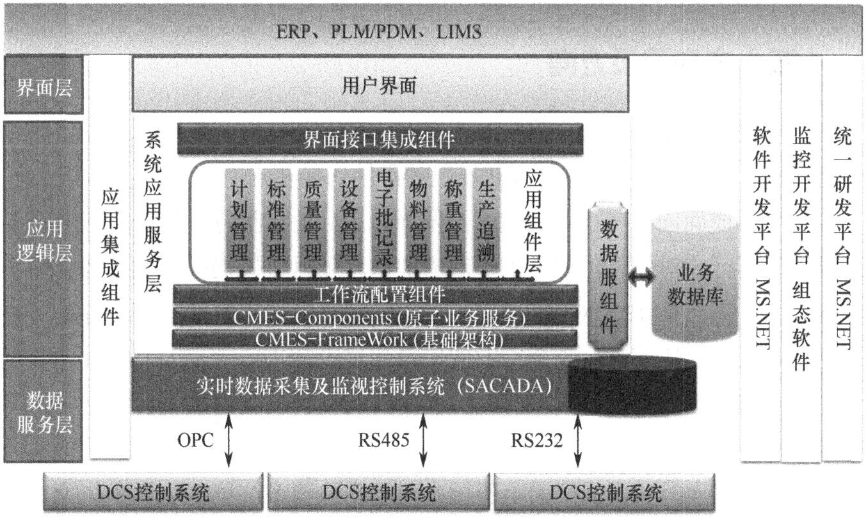

图 2-8-3　制剂车间全流程智能制造信息集成中心

接收、生产实时监控及对生产线数据的采集和处理，以及生产过程的在线质量控制；全流程智能制造信息集成中心为工厂级别的综合管控平台，通过各个系统在设计时预留的第三方信息接口进行信息集成及各种数字化装备的互联与数据采集，实现各种系统和装备的互联互通、各个系统的信息集成，以及各种数字化装备的互联与数据采集；通过数字化智能车间的建设，实现制剂车间全流程的智能制造。

（四）实施过程中出现的问题与挑战

1. 国产制药工业软件发展基础薄弱

我国作为制药大国，随着医药行业对制药信息化要求的日益提高，我国目前已成为世界上重要的工业基础平台软件需求国。在制药资源管理和生产管理方面，德国西门子公司、美国罗克韦尔等国外巨头已纷纷进入中国，他们凭借雄厚资本的优势、高端的技术和丰富的实施经验，基本占据了90%的市场份额。要想与国外巨头形成竞争，推进国产制药工业软件的发展，我国还需要不断提高国内医药行业信息化的技术积累和投入。

2. 制药行业工艺分析大数据技术应用发展缓慢

中药的生产过程控制数据庞大，涉及的相关因素较多，实施该项任务的管理成本巨大。

（五）未来建设方向

（1）符合 GMP 规范的柔性生产需求，实现药品生产多规格、多品种的生产要求，同时可实现符合 GMP 规范的柔性切换要求。

（2）形成面向中药行业的信息开发平台。目前，制药行业的信息化逐步升温，制药行业对信息化的需求不断增加。本项目可以提供一个架构合理、深度互用，符合 GMP、cGMP 要求的，能够应对信息化项目快速实施需求的开发技术平台，快速响应中药行业的信息化建设需求。

（3）突破过程分析技术（PAT）、过程控制和大数据的多因素分析与评价技术。

（4）深耕实时数据采集的电子批次记录及追溯系统技术。随着 cGMP 在国内制药企业中的推广实施，数据的实时性、完整性、合规性在药品质量管理中变得尤为重要。采用生产全过程的电子化数据处理已成为必不可少的有效手段。电子记录能够提高质量统计工作效率30%以上，提高物料追溯工作效率60%以上。

（5）形成中药产品关键中间体质量标准和关键工艺质控规范的创新药物CMC平台，全面展开CMC的研究工作，为药物的上市做全面准备。

三、经验效果

（一）经济和社会效益

本项目实现中药全自动提取、分离纯化及精制，将有差异的药材处理成为质量安全、均一的产品。在项目实施过程中，中药制剂的工艺技术及质量控制水平显著提升，同时生产能力及生产效率均有较大提升，生产成本明显下降。项目效益对比如表2-8-1所示。

表2-8-1　项目效益对比

序号	项目	传统生产水平	本项目指标	本项目指标与传统生产水平比较
1	产能（吨/年）	29.26	59.13	提升102%
2	劳动生产率（千克/天）	132.99	268.79	提升102%
3	生产效率	61%	85%	提升39%
4	产品收率	9.5%	9.6%	提升1%
5	单位总生产成本（元/千克）	3937.03	3801.78	下降3.44%
6	单位直接材料成本（元/千克）	3808.02	3777.84	下降0.79%
7	单位直接人工成本（元/千克）	277.02	202.32	下降27 %
8	单位动力成本（元/千克）	451.9	421.53	下降7%
9	主要原辅料追踪	人工	100%	国内领先
10	工艺设备自动化、数字化率	人工	80%	国内领先
11	质量一致性	—	90%	国内领先

（二）案例行业推广性

本项目结合中药提取自身特点，在中药药物CMC研究体系、生产质量体系的支撑下，在生产设备、自控技术、工艺开发、质量控制等方面整合了多项领先的技术，在中药提取领域具有一定的创新性，为中药提取产业的提升起到了引领和示范作用。本项目同时满足国家药监局《关于药品信息化追溯体系建设的指导意见》等多项国家政策要求，为中药行业转型升级提供了宝贵的实践经验。更为重要的是，本项目成功实施后能够有效保护患者用药安全，保护从业人员职业健康。

案例九

通用型解决方案：杉数科技智能算法助力制造企业智能排产

一、基本情况

（一）企业概况

杉数科技（北京）有限公司（以下简称杉数科技）成立于2016年7月，是中国领先的人工智能决策优化技术服务提供商，致力于运用运筹优化+机器学习双引擎的技术模式，加速驱动企业数字化转型和产业升级，使企业拥有定制化决策的能力。杉数科技由四位斯坦福大学毕业的博士联合创立，拥有由超过30位海内外一流大学教授组成的科学家团队，具有国内外领先的、不可复制的一流研发水平。

依托行业领先的大规模优化求解和复杂决策建模能力，杉数科技以客户业务场景为导向，通过中国首个自研大规模商用数学规划求解器“Cardinal Optimizer”，为企业打造从数据到决策的端到端决策产品平台，以完整的技术能力和高度模块化的产品架构，为客户提供灵活、轻便、高效的决策优化服务，帮助企业解决生产、仓储、调度、销售等一系列业务场景中决策优化的难题，进一步助力企业降本增效、打造差异化市场竞争优势。

（二）行业情况

我国拥有独立完整的工业体系和全部工业门类，产业规模和配套优势明显，产业链供应链有较强韧性。但同时，我国产业链供应链仍然存在基础不牢、水平不高的问题，一些基础产品和技术对国外依存度高、关键环节存在“卡脖子”的风险。

市场需求波动大，库存水位高。工业互联网时代下，市场供需环境瞬息万变，企业为保障销售发货及时性，往往需要积累大量库存，而很多库存因需求减少变为呆滞库存，给企业运转带来很大压力。

多品种、小批量，柔性生产。中国制造业从过去的高速发展转向平稳发展，利润空间逐年下降；与此同时，商品的品种不断丰富，大规模生产逐渐被多品种、小批量生产取代。而采购端往往有长周期、大批量的要求，缺乏智能的计划系统使企业疲于应对。企业为了最大化利用现有产能逐渐开始向柔性生产转型。

2020 年 9 月，国务院国资委发布《关于加快推进国有企业数字化转型工作的通知》，系统明确国有企业数字化转型的基础、方向、重点和举措。其中指出，以智能制造为主攻方向，加快建设推广智能工厂、数字化车间等智能现场，推动装备、生产线和工厂的数字化、网络化、智能化改造，着力提高生产设备数字化率和联网率，提升关键工序数控化率，加快形成动态感知、预测预警、自主决策和精准执行能力，全面提升企业研发、设计和生产的智能化水平。积极打造工业互联网平台，推动知识能力的模块化、软件化和平台化，加快产业链供应链资源共享和业务协同。

“十四五”规划中提出，到 2035 年，广泛形成绿色生产生活方式，碳排放达峰后稳中有降，生态环境根本好转，美丽中国建设目标基本实现。

杉数科技致力于为企业生产和运营带来全新变革，帮助企业全场景优化，深度融合“互联网+”绿色制造，运用人工智能决策优化技术手段激发企业生产力，降低能耗，打造绿色制造的生产决策系统。杉数科技为生产制造巨头富士康打造的智能排产决策平台，让企业在生产过程中真正实现了节能降耗、绿色环保。

（三）项目概况：智能排产决策平台

智能排产决策平台是以实施企业作为对象，将当下生产现状的数据进行汇聚，建立的一套完备的统一管理平台系统，以进一步实现全局的统筹规划。该决策平台建设旨在提升企业生产决策质量，提高决策时效性，为管理水平的提升提供有力依据，最终帮助企业持续降低生产成本和打造行业差异化竞争力。

智能排产决策平台的搭建涉及产管、物管、品管和人资等多部门，以及原材料的采购和分配；生产过程中涉及原材料、半成品、成品在各个工厂间的转运与分配，长短周期结合的生产计划制订等方面。在排产过程中，通过对生产计划的实时调整，完成各个工厂间更加高效的协同合作，减少供应链迟滞、提升产能利用率、降低机器空转、避免压库胀库，帮助工厂达到提高产能、节能减排、降低物料浪费的目的，从而实现绿色制造、绿色生产。

杉数科技为成都富士康搭建基于智能算法的智能排产决策平台，通过需求分析、业务流程梳理、算法模型的设计和建立，最终通过部署 APS 智能排产决策平台的方式，实现连通各级用户信息、及时协同管理、提升资源使用效率、降低生产成本的目的，进而促进制造业绿色化发展。目前，杉数科技 APS 智能排产决策平台应用范围广泛，具有可定制、易推广的特点。

二、主要做法

（一）项目实施背景

目前，富士康成都、龙华等多地工厂在日常的生产计划中，APP（Actual Production Plan）与 DPS（Daily Production Schedule）环节仍然采用人工计划的方式，会耗费大量生产管理人员的工作时间，不仅效率不高，还造成了资源安排不合理、能耗大，而且难以利用传统应用软件来降低生产成本的现象。客户当前主要面临的问题有：

- 人工排产时间长；
- 排产因子复杂，需要系统梳理；
- 生产计划主要依赖人工经验，干预情况多；
- 主要指标无法量化评价；
- 生产成本高，资源利用率偏低。

（二）项目目标

通过 APS 智能排产决策平台，完成数据协同打通，支持生产基础决策与高级决策，从而量化决策端到端的生产单位资源分配，降低生产成本，实现绿色生产；统一生产计划平台，实现供应链信息的及时共享，为供应链管理决策提供有力支撑；协同各部门优化各环节的管理工作，逐渐提升效率，加快决策速度。

（三）杉数科技智能排产决策平台

智能排产决策平台将充分挖掘数据价值，固化人工经验，发挥算法优势，为客户解决上述痛点问题，并实现数据实时共享和降本增效的目标。该平台主要分为系统运营管理和高级排产排程两大功能模块，并按照富士康的实际业务分阶段应用于 iPad、Apple Watch、MacBook 等产品生产线场景。智能排产决策平台管理界面如图 2-9-1 所示。

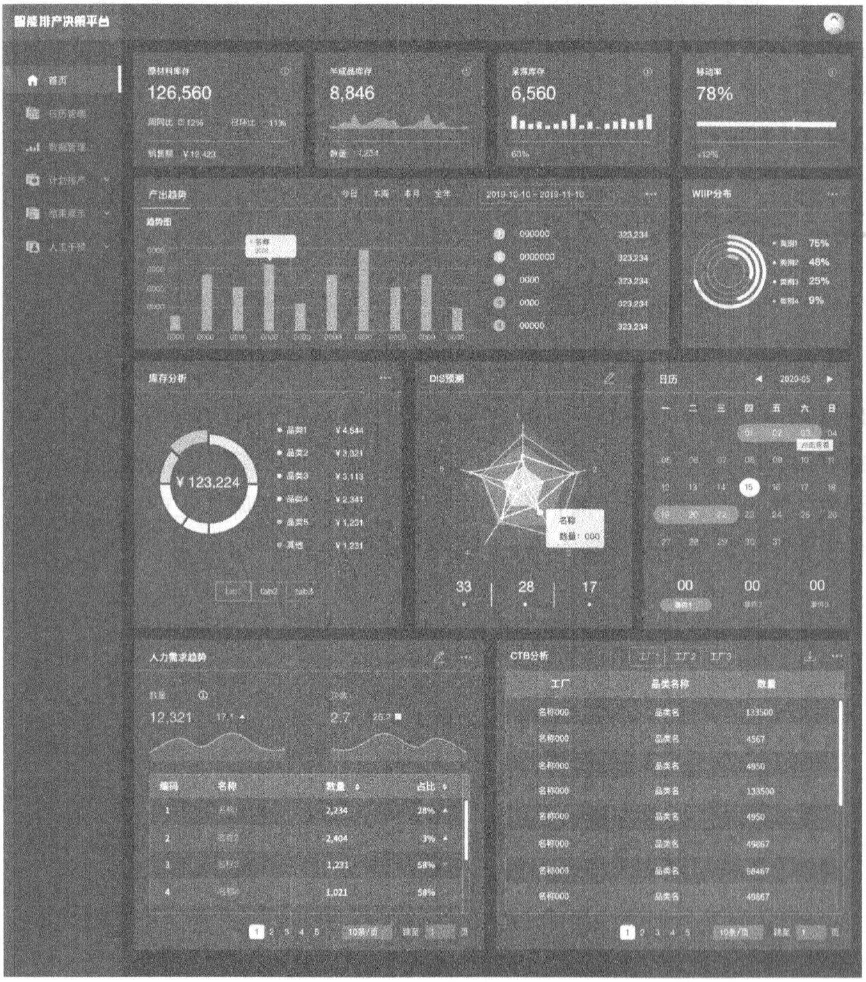

图 2-9-1　智能排产决策平台管理界面

智能排产决策平台将包含如下功能及其配套使用功能：为客户搭建平台

运营管理系统，实现不同人员对系统管理、数据管理、历史数据管理及数据操作等功能。例如，不同用户按各自权限在各自页面相应负责的数据输入部分按既定格式进行调整；线体产能、料号信息等主数据信息在通过系统间传输的基础上，进行维护、更新、删除、查询；根据用户定义的权限，对 APP 或 DPS 结果进行发布，相关结果发布后将指定数据按照双方约定的形式推送给指定用户与系统。

根据富士康工厂实际生产业务完成高级排产排程解决方案功能搭建，主要包括计划运行、APP 和 DPS 结果输出、订单交付管理、交互型结果及特殊事件管理等功能。例如，重大机故重排、急料未到重排、品质异常重排、人力缺失重排等。

APP 计划负责输出基于目标最优的 APP 生产计划，时间跨度与 MPS 时间跨度保持一致，混合时间颗粒度做到每周调整，最小时间颗粒度达到每日刷新。

DPS 计划负责输出未来 7 天内详细实际生产执行计划，最小颗粒度达到每班次刷新的生产执行顺序。

（四）算法技术方案

- APP 计划方案考虑近期及未来排产逻辑、生产量扣减、安全库存线体匹配、物料匹配、机械故障、品质差异、人力情况等，需要算法满足上述全部排产因子要求。在自动产生可行的生产计划过程中，首先需要在工厂端自动将客户处获得的 MPS 主计划及交付运输计划（Shipping Plan）进行处理，如图 2-9-2 所示；其次综合处理排产因子优先级和排产目标优先级；最后将得到的结果转化为生产计划在系统中进行展示。上述的流程是通过规划建立优化模型实现的。杉数科技工程师将所有排产因子的要求转化为规划约束形式，再通过杉数科技优化求解器进行最优求解。
- DPS 计划方案延续上述 APP 计划的要求，在保证 APP 计划的全部排产因子不打破的前提下，继续考虑近期排产、保养计划、换线损失等 DPS 排产因子，以此开展各生产线维度实际生产执行计划的编排。每日执行计划方案也可以根据实际情况要求进行调整。类似地，杉数科技工程师建立规划优化模型，将如图 2-9-3 所示输入内容中的限制条件转化为规划约束形式，并通过规划求解器进行求解。

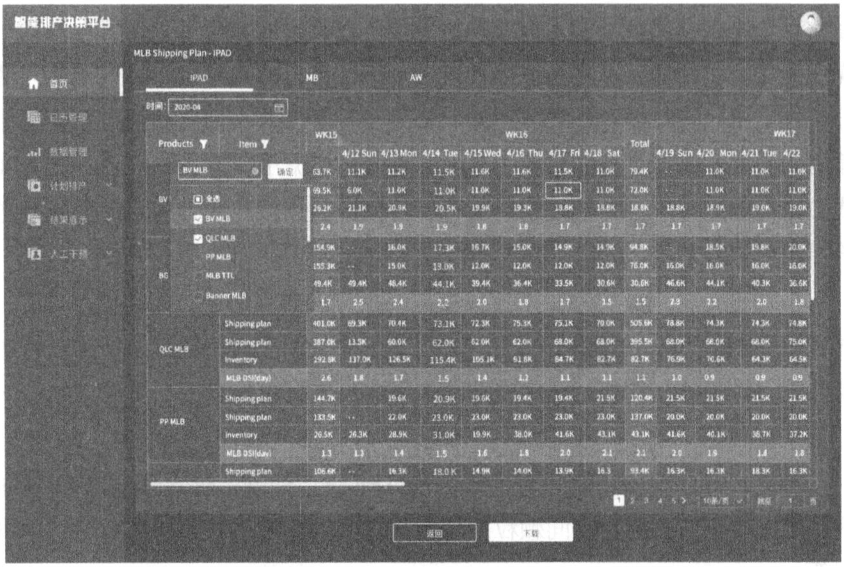

图 2-9-2　生产线交付运输计划

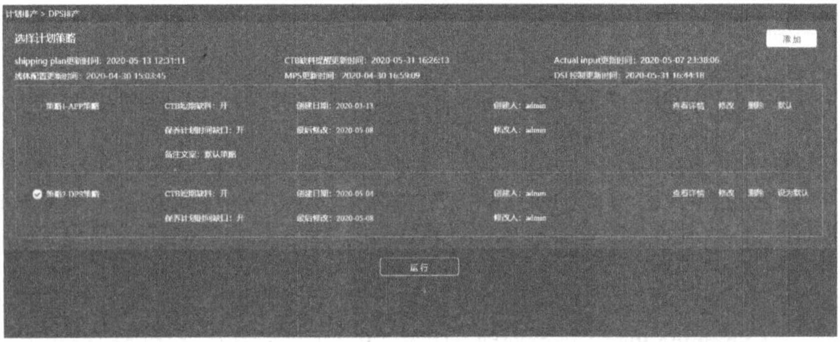

图 2-9-3　DPS 排产策略选择界面

（五）技术方案亮点

一是实现端到端的生产信息协同。各个车间、工厂之间的生产数据，在该项目实施之前一直处于割裂状态，致使前后工序间的协调经常出现信息断点，在生产上很容易出现因为缺料断产或在制品数量过多导致缓存区容量不足的情况。杉数科技通过对客户多个工厂的各个业务及流程的深度调研和梳理，进行管理系统平台搭建，将各个子系统彻底打通，实现制造需求和生产计划之间的信息互联互通，进而减少信息传递的时滞性，增强生产线的柔性调控度。再将排产问题求解到最优，使企业更好地利用产能、规划物料、优化生产和转运机制，减少工厂不必要的开工与转产时间，从而减少资源浪费，实现节能减排、绿色制造。

二是生产管理过程中搭建快速、高效的算法模型。产能爬坡、生产线停产、紧急订单、物料供应不足等问题，一直困扰着客户，现场计划执行的工作人员经常因为这些问题无法及时处理而手忙脚乱，最终产量也会因此受到影响。杉数科技在方案制订过程中充分考虑到这些难题，并提高算法运算速度，最高效地应对这些紧急情况，最终实现决策速度和决策质量的双重提升。

三、经验效果

（一）企业收益

智能排产决策平台不仅满足了富士康当前所有生产业务的需求，完善了该企业多工厂统筹规划系统，为企业生产计划和采购需求提供了优化决策，还使企业向绿色生产、绿色制造的发展目标更近一步。

目前，该决策平台已经在客户多条生产线、多个工厂部署落地，综合产能提升 5%，换产损失降低约 5%，排产准确率提升 5%，多部门协同作业效率得到大幅提升，数据沟通错误风险降低 80%。同时，该决策平台为客户智能化管理水平提升提供了有效的依据，进一步降低了生产运营成本。

（二）社会效益

富士康多个工厂在使用智能排产决策平台后，不仅固化了经验，实现了经验排产因子向量化边界因子转化，大幅提升了管理决策的时效性，还提高了市场需求响应速度和客户满意度，进一步提升了公司品牌形象。

随着生产成本的上涨、工业用地的规模制约越来越明显，工业数字化、网络化、智能化为工业制造企业转型升级提供了新路径。此次富士康与杉数科技的智能排产决策平台的合作，也将成为制造业绿色生产、数字化转型示范项目，为其他制造企业乃至整个制造行业提供模块化的智能决策技术和平台方案。目前，杉数科技凭借领先的大规模优化求解和复杂决策的能力，已成功服务工业制造、能源、航空、物流、电商、零售与快消等行业的近百家龙头企业，其中不乏包括富士康、海尔、上海通用、六国化工、百威英博、小米等在内的行业标杆企业，在工业互联网、绿色制造领域积累了丰富的行业技术方案和客户经验。

案例十

通用型解决方案：样本通智能样本助力企业营销

一、基本情况

（一）企业概况

样本通是北京品冠天成科技有限公司研发的产品信息营销管理系统，是产品信息营销管理领域中的领军者，核心团队由来自 SAP、IBM、阿里巴巴等企业的精英组成，分别从事移动互联网、工业咨询、大数据挖掘、互动创意设计等多个专业领域的工作。

样本通是目前制造业领域首选的营销类 SaaS 工具，以企业产品样本的电子化为基础，帮助企业在各类营销活动中获取访客的精准注册信息，并通过自动化统计访客行为数据帮助企业判断线索的热度与需求，为企业线索获取与销售成单赋能。

（二）产品信息管理项目概况

“产品信息”是指那些被企业用于市场营销用途和被企业客户获得的有关该企业的有效信息，不仅包括产品的详细尺寸、外观、参数、配置、运行环境要求，以及相应的外观描述和使用安装指南等信息，同时也涵盖其他能够帮助客户了解企业的有效信息（如公司介绍、解决方案、建议书、服务、成功案例等）。

产品信息管理的作用包括“激活内容”和“助力销售”两大方面。在传统制造企业中，“产品信息”很多时候散落在企业不同部门、不同人员手里，以不同形式、格式出现，导致信息更新不及时，很多需要被更新的文件不同步，信息的版本和使用阅读的权限也没有被有效集中管理。而当“产品信息”的内容就绪后，企业能够善用信息，使市场销售工作更好地开展，提升效率和经营效果。从面向大众的推广，到线索的追踪，以及销售人员和用户有关产品信息的沟通，产品信息管理需要有效做到“助力销售”，才能够体现其真正价值。

二、主要做法

（一）项目实施背景

1. 客户在使用纸质样本时遇到的问题

纸质样本无法通过可交互的内容展现方式吸引客户眼球，直观传递产品价值；印刷等成本费用昂贵，印刷数量难以确定，且存在印刷时间、运输、发放、存储等问题；无法有效应对大量订单需求的情况；纸质样本所能取得的实际成效难以追踪。

1）应用实践 1

广州奥泰斯工业自动化有限公司是日本一家专业制造和生产传感器的制造企业，主要产品是工厂自动化传感器，为自动化行业提供解决方案。

目前，该公司的痛点在于每年纸质资料印刷费用非常高，同时市场推广效率低。根据市场需求，每年都会有一些产品更新，更新得太多，首先是费用的提升，其次是工作量负担过重。

使用样本通之前，该公司每年的资料印刷成本是 15 万～16 万元，印刷频率为每年 3～4 次；使用样本通后印刷成本降低一半，印刷频率每年减少为 1～2 次。

产品使用者希望后期借助样本通实现 80%印刷费用的节省。同时，通过样本通后台的动态数据，分析销售人员分享的具体产品信息，包括终端客户信息，通过平台客户的二次分享，也可以实现市场推广率增加的效果。

2）应用实践 2

哈斯自动数控机械有限公司是美国哈斯自动化公司在中国的总部，哈斯自动化公司在美国是销售量最大的机床制造商。

该公司市场部的痛点是样本印刷周期太长，经销商在全国分布广、数量多，虽然销售场景一样，但有的地方样本不够，有的地方样本发不出去。此外，机床是以数据为导向的，有一些参数临时变化无法及时更新在纸质样本上，导致很大一批样本作废。同时，纸质样本有一定的局限性，无法展示动态内容，很多技术类视频和演示加工视频的拍摄和引导客户观看需要额外的时间和人力成本。

样本通可以把产品样本、产品数据及产品加工视频一次性分享给客户移动端，企业也能够实时收到客户行为的数据反馈。销售人员反馈跟客户推心置腹地谈很久，也未必能了解客户的真实想法，而样本通的数据追踪却能很好地解决这个问题，帮助企业了解客户是否查看文件，是否转发给他们领导，这对于下一步销售行动是非常有帮助的。对于市场部来说，使用样本通后台可以清楚地了解所有销售人员的动态，分组功能可以方便地了解各不同区域产品的市场竞争力，这些可以为市场分析提供大量有价值的信息。

2. 样本通与传统纸质样本相比的优势

相对于传统纸质样本，样本通一是便于携带和传播分享，纸质样本搬运和翻阅过程烦琐，样本通可以搜索关键词，定位内容；二是展现形式多样，在手机、Pad 端或网页都可以使用；三是节能环保，在每款产品和每个应用解决方案上面，打印二维码即可，客户可以扫码把电子样本直接带走；四是更新换代便捷，最新的产品和技术可以通过样本通更快、更直接地传递给客户。

利用样本通可以精准定位目标客户并建立黏性关联，获得有效反馈，实现市场与销售无缝协同，提升获客效率；后期统一对数据进行分析和运营，实现精准营销。同时，利用样本通可以进行产品资料的分发管理，提高销售及管理效率，减少纸质资料印刷、避免浪费。

（二）运营流程

产品功能分布结构如图 2-10-1 所示。

样本通给企业开通账号使用权限后，管理员能够登录样本通账号，在内容管理版块上传现有的企业电子产品样本、视频、链接或文档文件，企业的销售人员可以自由组合文档，通过微信、小程序、邮件等互联网方式进行传播，在传播过程中，通过样本通的雷达功能可以追踪用户的使用行为，并对追踪到的数据进行分析管理，为日后的市场及销售的决策工作起到支持作用。系统功能架构如图 2-10-2 所示。

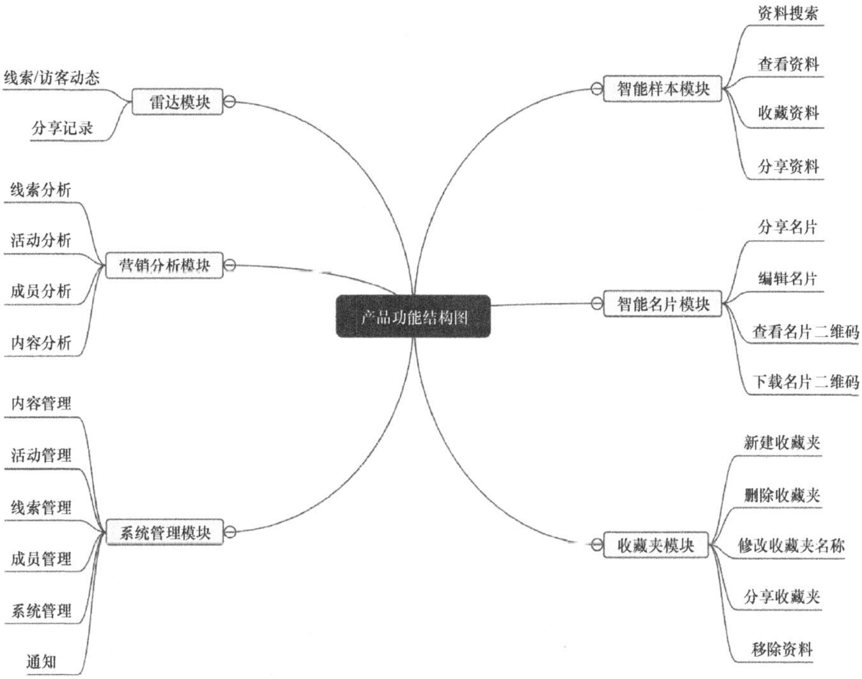

图 2-10-1　产品功能分布结构

（三）实施路径与应用效果

利用样本通智能样本 PDFX 可以将各类产品素材（视频、图集等）与传统的电子样本进行整合，形成产品智能样本。

在参加展会时，通过样本通雷达展会当天就能及时看到用户信息，在后台可以直接导出这些数据，不需要录入，销售可以及时拿到这些数据，以跟进使用者行为。通过电子化样本平台，企业用户可以更全面地将产品呈现给客户，向客户展示产品的差异化价值。与此同时，电子样本还可以收到客户行为反馈，与印刷版本比较，更具时效性，可以及时了解哪些客户看了电子样本，哪些客户更感兴趣。

（四）问题与挑战

样本通属于 SaaS 软件产品，根据客户需求定期进行产品更新迭代，产

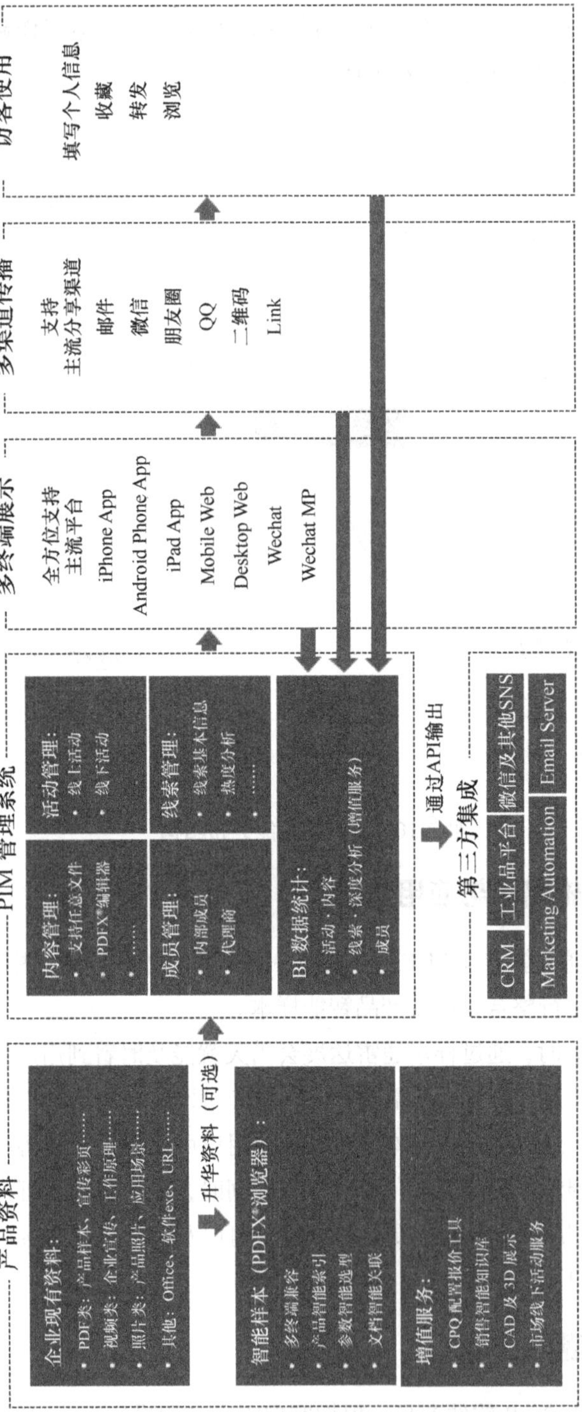

图 2-10-2 系统功能架构

品更新相对较快，样本通的客户在后期可能会遇到产品升级的问题，需要同步升级到最新版本，以方便企业使用。

三、经验效果

样本通适用于工业企业场景，属于轻量级产品，通过简单几步部署，即可供公司全员使用。使用样本通管理产品样本的分发及管理，一方面可以降低纸质样本的印刷成本及运输成本，节能环保；另一方面有利于企业市场部对所有的产品资料进行管理，通过样本通追踪数据的功能，有效帮助企业销售人员提高销售效率。

此外，利用样本通还可以打造工业大数据采集云平台。工业企业在样本通平台上传产品信息，通过分析潜在客户行为，帮助企业获取精准销售线索、提升营销覆盖面；政府端可以同时收集到工业企业产品信息及用户相关信息。产品运行流程如图 2-10-3 所示。

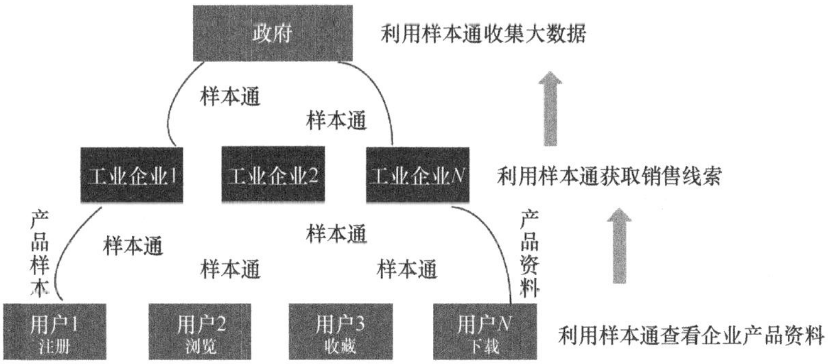

图 2-10-3 产品运行流程

对于当地政府而言，可以提升当地政府整体信息化服务水平，为当地中小型制造企业提供便捷的云应用和服务。同时，可以收集真实的工业用户行为信息与工业企业营销数据，形成大数据资产，为决策、招商引资提供支持。此外，还可以帮助当地企业“抱团”发展，促进当地产业进一步与互联网融合。

对于工业企业而言，可以统一管理客户信息数据，避免客户信息丢失；快速、准确地筛选客户的购买意愿，建立销售漏斗，提高成单效率；帮助企业统一管理产品信息，精准评估市场活动投资回报率，为营销决策提供依据；同时，降低纸质样本的印刷成本，实现绿色制造、节能环保。

对于最终用户而言，可以快速、准确地完成对于感兴趣的产品和资料的整理和收藏，能够对产品资料进行快速、方便的查阅与分享，获得即时的内容更新。

样本通的设计及应用理念能满足传统工业企业由对纸质样本的需求转变为对电子样本的需求，由传统的线下传播转变为线上传播，由传统被动获客转变为主动获客的转型要求。目前，样本通部署遍及国内外市场，如欧洲、北美等地市场，累计服务企业用户近千家，合作伙伴既有 ABB、三菱、东芝、西门子等世界 500 强企业，也涵盖诸多中小企业，在工业品营销领域积累了丰富的客户服务经验。

案例十一

家电行业：海尔集团基于智慧服务平台的开放式能源管理体系构建

一、基本情况

海尔集团是一家全球领先的美好生活解决方案服务商。海尔集团历经五个战略发展阶段，从资不抵债、濒临倒闭的集体小厂发展成为物联网时代引领行业的生态型企业。2017 年，海尔集团实现全球营业额 2419 亿元，全球利税总额首次突破 300 亿元。目前，海尔集团在全球拥有十大研发中心、24 个工业园、108 个制造工厂、66 个营销中心。在互联网和物联网时代，海尔集团从传统制造企业转型为共创共赢的物联网社群生态企业，率先在全球创立物联网生态品牌。

青岛海尔能源动力有限公司由海尔集团公司投资，成立于 1993 年 5 月 20 日。在长期的能源管理与服务实践中，该公司创新打造了基于智慧服务平台的开放式能源管理体系，实现了传统远程运维向智慧能源模式的转变。这是家电行业首个也是唯一一个实现智慧能源互联控制的能源管理体系，实现了海尔集团 15 个工业园区、14 种能源介质在能源转化、输配、消耗等全过程的信息化智能控制。同时，海尔集团将最优能源解决方案进行市场化推广，已成为全球最大的智慧能源服务定制平台。

二、基于智慧服务平台的开放式能源管理体系的背景

（一）智慧能源是时代发展的必然要求

当前，能源发展正体现出多元化、移动化、碎片化的新特征，能源供应与社会需求之间的矛盾、能源供应与环境治理之间的矛盾、人类现代生活方式与节能减排之间的矛盾正催生一场前所未有的能源革命，互联网、物联网、大数据等技术的发展正带领人类进入智慧能源时代。

当前，我国经济已由高速度增长阶段进入高质量发展阶段，亟须改变传统的发展模式，借助新技术，实现新模式、新平台的创新，为高质量发展提供新的支撑。在传统发展模式下，企业能源管理是粗放式的，高污染、高能耗也成为制约我国经济可持续发展的一个重要原因。

近年来，我国坚定实施创新驱动发展战略，坚持新发展理念，以供给侧结构性改革为主线，加快新旧动能转换。在能源领域，国家出台了《“十三五”节能环保产业发展规划》《关于进一步深化电力体制改革的若干意见》《关于推进“互联网+”智慧能源发展的指导意见》和《关于推进多能互补集成优化示范工程建设的实施意见》等重要政策指导和意见，明确能源互联网是推动我国能源革命的重要战略支撑，这也为新时代下企业的能源管理创新与变革提供了政策指导，指明了探索方向。

（二）新时代企业智慧能源建设的契机

对于制造企业来讲，传统园区能源管理存在着能源成本高、用能安全性低、能耗无检测、能源无存储、人工检修、无增值服务等痛点，严重影响企业的生产，从一定程度上制约了企业的发展。随着企业管理的日益科学化、系统化，能源管理成为企业提升经营绩效的重要考量领域；但在实践中，企业能源管理依然存在诸多不足。例如，能源管理精细化程度不够，只做点上的功夫，哪里不行改哪里，并没有全面、系统地实施能源管理；节能潜力挖潜不彻底，不少企业采用购买先进节能设备更换老旧设备的节能方式，只做到大功率设备监控，忽略了员工意识及日常生产中的点滴节能，造成了现场能源管理差距。此外，众多企业不能有效利用企业数据优化企业经营，能源数据与生产订单不关联，不能为企业生产提供指导和赋能，直接导致企业能

源数据的失效。

随着互联网、物联网、大数据、云计算等新兴技术的发展，企业能源管理已经不仅仅是追求扩大可利用能源资源的规模，而是更多地通过数据分析来降低能耗，通过智慧的方式主动改造能源，提高能源利用率。当前技术创新正打破能源价格壁垒，用户逐渐成为能源市场的核心资源。未来的能源系统将不再是单一的能源管理，而是需要满足不同用户的多样化、个性化的需求，为用户提供定制化服务。

（三）承接集团战略转型的客观要求

自 2005 年以来，海尔集团持续探索人单合一管理模式，已从传统的家电制造企业转型成为开放的创业平台、无边界的共创共赢的生态圈。海尔集团致力于构建物联网时代生态品牌，成为物联网时代的引领者，为用户定制美好生活 X.0。

围绕人单合一战略转型，海尔集团从提供产品转型为提供服务解决方案，产品成为企业同用户连接的一个节点，围绕用户需求连接全球资源，为用户提供一体化解决方案。海尔集团推进智慧能源、能源大数据战略，基于海尔 15 个工业园区的能源管理现状分析和提炼，探索了开放式能源管理体系；以用户需求为中心，自主搭建了智慧能源服务平台；通过大数据融合，实现园区、工厂能源消耗精准预测，并实现了向提供能源管理解决方案的转型。最终实现智慧能源管理服务的社会化输出，助力企业绿色发展，推进能源行业高质量发展。

三、基于智慧服务平台的开放式能源管理体系的内涵和做法

（一）开放式能源管理体系的创新内涵

基于智慧服务平台的开放式能源管理体系是海尔集团响应国家绿色发展、高质量发展的政策导向和战略规划，基于自身 15 个工业园区、33 年能源管理实践自主探索的能源管理模式。该体系以用户需求为原点，以大数据分析、精准的用能预测为驱动，颠覆粗放的能源管理模式，探索新时代下企业绿色发展的新模式。

海尔集团开放式能源管理体系前端搭建资源网络，降低能源购入单价，后端通过信息化数据归集管理，降低产品生产单耗。基于开放式能源管理体系，海尔集团探索搭建了基于大数据融合的智慧能源服务平台，这也是全球家电行业第一个也是唯一一个实现智慧能源互联控制的平台。该平台不是单一的能源管理平台，而是基于大数据决策的综合能源管理平台、智慧能源解决方案平台：通过建立不同能源种类的能源综合管理体系、建立同一产品产线的跨区域对比分析升级管理机制，以及不同产品产线的综合能源考评机制，同时推进多系统的数据融合，实现能源运行的精准预测和动态管理优化。此外，基于用户参与、用户定制的需求，海尔集团开放式能源管理体系能够输出能源服务解决方案，打造引领全行业的智慧能源生态圈。

基于对开放式能源管理体系的创新性探索，海尔集团实现了从传统的能源管理到提供定制化能源服务的转型，通过为用户提供定制化的新能源、新技术解决方案，帮助改善中小企业能源管理无序的现状，助力节能减排、绿色发展、高质量发展。

（二）开放式能源管理体系的主要做法

1. 明确为用户创造价值的原则和建设思路

以用户为中心，是海尔集团创业以来一直坚持的核心理念。基于智慧服务平台的开放式能源管理体系，以为用户创造价值为建设原则的发展方向，海尔集团致力于搭建智慧能源生态圈，整合行业资源，为用户提供定制化解决方案，助力企业绿色发展。在实践中，海尔集团开放式能源管理体系以互联网、大数据、云计算等技术为依托，将企业自身多年的能源运营管理经验进行提炼总结，创新性地打造了智慧能源服务平台。通过整合业内优势资源，为用户从前端降低能源价格；通过智慧能源服务平台的运营，降低能源运维成本；不断优化能源使用场景，提供解决方案和增值服务，实现企业节能降耗。

依托开放式能源管理体系，智慧能源服务平台能够为用户提供智能化能源综合服务和全方位的智慧能源解决方案，其主要特点包括“云服务”“共享式”“定制化”。具体来看，一是云服务，智慧能源服务平台基于大数据、物联网等时代背景，搭建能源管理云平台，精准获取企业能源数据，并通过大数据分析，预测、优化企业能源使用，以云服务助力产业升级转型；二是共享式，智慧能源服务平台实现了企业跨地域、多能源介质的能源数据融合，并系统输出能源解决方案，赋能企业绿色发展；三是定制化，智慧能源服务平台是开放的能源管理生态系统，用户可参与到企业能源体系建设中，根据用户能源需求，共同实现能源管理方案的个性化、定制化，实现攸关方共创价值。

2．自主搭建智慧能源服务平台

基于以用户体验为中心的理念，依托开放式能源管理体系，海尔集团自主创新探索建立了智慧能源服务平台，致力于企业能源安全、环保安全建设，实现企业节能减排目标，并在此基础上实现平台社会化，通过提供定制化能源解决方案助力企业绿色发展。

智慧能源服务平台搭建数据的融合体系，可实现同集团人力系统、产量系统、产值系统实时对接，实现大数据融合，完成产值能耗、产量能耗指标的数据考核，以及直接责任人的考核指标体系搭建；并建立综合能源管理体系、需求侧能耗对标考核体系、能耗效率指标评价体系等多项能源管理系统，推进传统园区向智慧园区转型。

目前，智慧能源服务平台覆盖海尔 15 个工业园区、55 个智造工厂，实现了全国范围内的跨区域能源系统监控、数据分析，覆盖冰箱、洗衣机、空调、热水器、厨电五大产品生产线，可提供不同生产线的能源结构及消耗分析；同时，现场关联能源设备 3 万套，安装计量表 10 万余台，实现了全流程的能源监控及数据分析。在平台软件建设方面，完成建设 12 个主模块、61 个子模块，涵盖 563 个应用场景，可实现跨区域的多系统、多介质的并联运行。

3．建立不同能源种类的能源综合管理体系

基于海尔工业园区能源管理，智慧能源服务平台的开放式能源管理体系集成了电力监控系统、水资源监测系统、空压机监测系统、压缩空气监测系统、天然气监测系统、蒸汽监测系统、污水在线监测系统、电梯监测系统、光伏发电系统九大管理系统，同时集中了 14 类能源介质——电、自来水、纯水、软化水、生活污水、生产废水、蒸汽、压缩空气、天然气、液化气、高温热水、余热回收热水、太阳能发电、中水的调度，实现对多介质能源数据的曲线分析及限值管控。具体来看，主要包括以下技术和体系。

（1）兼容多操作系统的跨平台远程运维技术：针对水、电、蒸汽等 14 种能源介质、九大能源管理系统的多个园区的分散管理，形成跨平台的运维技术，整合进入同一个数据平台，进行业务运维。

（2）可视化监控：建立所有重点要害部位的可视化管理体系，对变电站、空压站、污水站、电梯、路灯等与能源安全、环保安全有关的重点部位进行 24 小时监控。

（3）智能分析的大数据运维中心：对所有能源曲线进行 24 小时监控，执行限值报警体系，超过安全限值即进行报警，停止能源供应。

（4）服务支持保障体系：践行海尔集团人单合一管理模式、小微创客机制，与工厂第一责任人签订对赌协议，保障目标达成。

开放式能源管理体系针对海尔 15 个园区能源的分散管理，开展“源-网-荷-储”多能流协同优化能源调度管理方式，将传统能源的多代理系统的控制框架应用到多能互补控制架构中，最终汇总成智慧能源服务调度中心，形成了统一的能源管理模式。同时，新建厂区的能源系统采用分布式的结构，形成新能源、新技术管理模式，可复制到更多的工业园区。

4．建立同一产品生产线的跨区域对比分析管理机制

开放式能源管理体系针对同一产品的众多不同型号的能源使用，适应集团级多组织的跨域管理和协同框架，搭建同一评比机制，实现不同区域同一产品的能源消耗结构对比分析、能源成本结构对比分析，为用户节能减排提供方向性解决管理方案。

以海尔冰冷产业为例，海尔集团在全国拥有 12 家冰箱、冷柜工厂，分布于青岛、合肥、大连、武汉、重庆、佛山、沈阳等 10 个园区，生产的产品型号超过 3000 种。由于不同产品工艺、不同容量大小，造成不同型号产品消耗能源数量、能源种类不同，这种状况往往难以形成有效的单台能源消耗对比分析。

对此，智慧能源服务平台执行标准台机制，根据每种型号产品的工艺及工序复杂程度，设定不同的标准台系数，将所有产品折算成标准台产量，实现了同一产品类型不同产品型号的单台能耗对比模型。

依托开放式能源管理体系，海尔集团在企业内部建立了能源交互网络社群，实时交互工厂能源使用情况和问题，通过直连工厂用户端，指导工厂进行最合理的排产计划，在冬季、夏季政府限电情况下，最大限度地满足生产

需求，调整现行能源结构，达到能源成本最优。

5. 建立不同产品生产线的综合能源考评机制

针对众多不同类型产品、不同类型产业的能源使用情况，海尔开放式能源管理体系建立起综合能源考评机制，实现产品生产线的同期对比，进而帮助对产品能源结构进行调整，提升节能空间。

在同一产品生产线的跨区域对比分析升级管理机制的基础上，海尔开放式能源管理体系制定单台能耗考核机制，确定每一条产品生产线年度单台产品能耗降低 6.5%的考核目标，并与工厂第一责任人签订能效考核对赌协议，以月度薪酬 20%作为对赌，目标完成率与员工绩效挂钩。

智慧能源服务平台集成了冰箱、空调、洗衣机、热水器、厨电等产品生产线，以及彩板加工、新材料部件合成等配件产品生产线工厂 55 家，并设立了多元化的考核机制，形成了对不同的产品及服务，公寓、办公楼宇等用能单位的能耗对比体系。例如，智慧能源服务平台设定独立考核体系；对于冰箱、空调、洗衣机、热水器、厨电等产品生产线，设定单台产品能耗考核机制，与上年同期进行对比；对于彩板加工、新材料部件合成等配件产品生产线，设定产值能耗考核机制；对于办公楼宇，执行平均办公面积能耗考核体系；对于公寓、餐厅等，执行入住人次及餐饮人次考核指标体系等。

开放式能源管理体系线上系统模块对所有工厂用户能源设备进行端到端可视化服务，并针对所有工厂工业活动进行检测，让能源消耗真正有迹可循，帮助企业找出能源薄弱环节，并提出针对性降费解决方案，切实减少企业能源成本。目前，智慧能源服务平台每年可以为海尔集团内部节约能源成本约 0.9 亿元。

6. 推进数据融合，精准预测助力节能减排

基于智慧能源服务平台的开放式能源管理体系通过与 BM、MES、BCC 等系统的并联打通，实现了多系统的数据融合，通过对海量数据的异构分析，在用户端和需求侧形成能源使用的分析结果和报警，实现了能源运行的精准预测和动态管理优化。

2018 年 2 月 11 日，智慧能源服务平台的开放式能源管理体系总控中心通过运行曲线发现，海尔胶南洗衣机在停产情况下，流量仍然为 80 吨/天。显示现场存在漏水问题，该平台通知胶南评审人员进行现场检查，发现现场

水管裂缝，流量达到 3 吨/小时。评审人员立即采取措施，联系自来水公司人员进行管路抢修，当日恢复自来水供应，该项措施减少水源浪费约 60 吨。

精准的能源消耗预测，可以指导企业对自身用能结构进行分析，进而根据目前的能源形势，采取必要的能源管控措施，达到最优的能源配比。传统的能源管理为资源获取式，即使用多少，向资源方购入多少，无使用预算，不考虑集团订单及能源效率，是事后的管控。智慧能源服务平台依托企业经营运行的大数据分析，实现对企业能源使用的精准预测，驱动能源管理由事后转到事前。目前，通过 6 年的平台运行，根据集团 161 订单，智慧能源服务平台可以精准地预测每天、每个月的能源消费量。2017 年以来，海尔开发区园区电力预测差异小于 3%，达到了售电业务申请量与实际使用量差距不高于 3%的要求。

7. 生态攸关方共创，输出定制化能源解决方案

海尔集团开放式能源管理体系通过模式转型，驱动海尔集团由以往的内部能源管理转型为能源管理解决方案提供商，实现从能源管理向能源服务的转型升级。依托海尔集团能源管理实践，通过用户参与、用户交互，为企业提供定制化的智慧能源管理解决方案，帮助企业提升能源使用效益，助力绿色发展。

具体来看，海尔集团开放式能源管理体系打破企业边界，开放整合能源服务商资源，聚焦用户痛点，搭建社群，在与用户交互的同时，让用户参与到能源解决方案的制定与决策中；并通过线上平台，设计最了解用户需求、最贴近生产需要的 236 个运营模块，根据安全管理需求设计了 3 种预测模块、九大应急预警模块、15 类预警模块，根据节能减排需求，设计了 6 类节能模块（其中包括指标考核体系的设置及达成绩效管控）、5 种技术模块，可供用户自主选择功能模块。目前，开放式能源管理体系已经推广至汽车、纺织、陶瓷、服装等 7 个行业，已经在 73 家外部单位开始实施，不同的生产工厂执行不同的管理模式，形成了定制化的服务模式。

以建陶产业为例，海尔集团通过 COSMOPlat 与淄博市淄川区合作建立 COSMOPlat 建陶产业基地，将 135 家建陶企业整合为 20 余家。淄川建陶产业园绿色转型升级使生产成本下降 10%，产能提升 20%。通过产业集聚使淄博建陶产业园实现了从中低端到中高端、从传统制造到用户定制化、从企业单打独斗到产业平台化的转型，助力园区新旧动能转换。作为基地首批入园

上平台的企业新金亿，其相关负责人表示，借助 COSMOPlat 及海尔集团开放式能源管理体系，企业实现了资源配置优化和提质增效。例如，企业用工数量由 600 人下降到 280 人，库存降低 20%，能耗节约 27%。

此外，海尔集团开放式能源管理体系为企业提供了智慧能源管家服务，充分发挥“专业的人干专业的事儿”，实现了专家级效果的服务模式。以海尔集团的空压机服务为例，海尔集团经过对山东省 82 家中小企业的空压机使用现状进行调研，发现中小企业没有对空压机设备的统一管理制度，随用随开、即停即修的无序管理造成企业能源的大量浪费，提高了企业成本。在这种情况下，海尔集团同企业用户签订购气协议，通过为用户提供定制机器设备，帮助企业减少空压机采购、空压机运行的费用及成本，得到用户认可。同时，海尔集团提供增值服务，针对空压机 70%的能源被余热带走的现状，为企业搭建余热回收系统，将这部分热量转化为热能，为临近的公寓进行热水供应，已服务工业园区两栋宿舍 700 个房间，直接减少了因热水器使用而产生的设备及电能成本。

四、经验效果

（一）有效促进企业绿色发展

基于智慧服务平台的开放式能源管理体系建设有效提升了企业的能源配置和利用效率，降低了能源成本，提高了能源安全性，助力海尔集团绿色发展。

以海尔光伏能源为例，海尔集团目前装机容量 62 兆瓦，年度光伏发电量 1 亿千瓦时，直接降低电力成本 1500 万元；在中德工业园区，海尔集团通过开展以天然气为主要动力的燃气、电力、蒸汽热的能源项目，降低能源投入 7500 万元，后期能源成本节省 30%。

从整体上看，智慧能源服务平台有效助力了海尔集团的高质量发展，为企业发展创造了良好的经济效益。2016 年，海尔集团实现节约能源成本 8700 万元。2017 年，海尔集团实现单台能源成本降低 26.93%，节约能源成本 1.32 亿元。2020 年，海尔集团实现单台能源成本降低 30%，节约能源成本 3.32 亿元。

（二）有效助推制造业转型升级

近几年来，随着欧美发达国家"制造业回归"战略的兴起和加速，周边发展中国家以更低的成本优势逐渐成为新的产业制造基地选择，我国制造业面临着来自上下两端的"双向挤压"。为此国家正通过"互联网+""两化融合""工业互联网"等政策性方向指引，引导制造业企业转型升级。

开放式能源管理体系的探索及智慧能源服务平台的建设、实施，将建立覆盖工业园区、工厂办公楼宇、餐厅、公寓等众多场所的能源管理环节，建设精益能源信息化管理系统，帮助企业实现从原有粗放型的半自动生产模式向"数字化、网络化、智能化"生产模式转变，从产品生产各环节相对独立向全生命周期统一协调、协同生产的精细化协同生产管理方式转型升级，助力制造企业整体转型升级、创新发展。

从实施效果看，智慧能源服务平台及开放式能源管理体系不但可以为企业提供全流程的能源安全、环保的监控，有效降低企业能源成本、提高能源安全性，还可以挖掘企业节能潜力，助力企业节能减排，缩短产品生产周期，提升生产效率，进而从整体上提升企业的智能制造水平。

（三）推动能源信息化行业发展

通过提供制定化能源管理解决方案，为企业能源管理提供管理平台、业务模式、节能方案、资源等全方位支持，海尔集团智慧能源服务平台及其开放式能源管理体系可以有效推动企业能源管理的信息化、精细化转变，进而促进整个能源信息化行业发展。具体来看，海尔集团智慧能源服务平台的建设涉及系统架构、数据管理、质量管理、远程运维等多类关键智能基础共性技术，通过创新研究和技术研究应用，可带动提升我国在智慧能源管理行业智能制造技术的研发和管理能力。同时，智慧能源服务平台及开放式能源管理体系的实施，将提升我国能源行业传感器、专用控制系统、专用检测设备、制造执行系统、ERP和产品全生命周期管理系统等核心智能测控部件的自主创新能力和应用集成能力，打破国外企业在这些领域的垄断现状，加快形成我国能源信息化技术核心竞争力。

案例十二

纺织行业：基于“互联网+”的绿色化再生彩纱超市典型案例

一、基本情况

（一）公司概况

福建省百川资源再生科技股份有限公司是一家专业从事再生纺织品的生产企业，使用6个矿泉水瓶就能生产一把雨伞的伞布。该公司始终坚持“低碳、环保、资源再生”的理念，长期致力于废旧资源回收及其循环利用技术的研究和开发，拥有从瓶片清洗到纺丝，再到织布、拉链的全产业链生产能力，在再生有色涤纶长丝稳定持续生产上积累了丰富的产业技术经验。该公司在发展中取得了多项自主知识产权和发明创造成果，掌握了一大批先进的工艺技术，已成长为行业技术创新的领军者。

（二）所处行业

本项目所属化纤行业是纺织业的上游产业，与纺织行业的发展息息相关，我国的纺织和化纤行业的产销量已十余年保持全球第一的位置，当前我国的化纤产量占全球的比重达70%以上。

目前，我国利用废旧聚酯瓶片生产再生涤纶技术已处于世界领先水平，但是在彩色涤纶纤维生产方面，我国与世界发达国家还存在很大差距，主要是着色性能和着色过程中大量废水的处理水平与国外同行业存在较大的差距，导致我国彩色化纤生产和环境保护成本高、产品质量相对落后。当前，世界各国都在大力推行绿色制造理念，未来全球化纤行业将朝着绿色、高性能、差别化的方向发展，绿色纤维的开发与推广为我国化纤行业健康持续发展提供了良好契机，指明了行业未来的发展方向。我国的化纤产业也必将加速淘汰落后产能的进程，对更加具有竞争优势的、多样化、差别化的纤维材料扩大生产份额。

（三）项目概况

本项目成功创建了再生彩纱的千色库存，百分之百采用再生瓶片及均质化技术，一方面通过装备再造、多基色智能调色等技术集成，对传统干式着色法生产模式进行改造，构建了彩纱生产快捷更换颜色的智能化装备系统，以满足彩纱市场多品种、小批量的需求特征；另一方面结合互联网技术，通过云平台进行全球范围内的订单数据收集，将彩纱市场需求化零为整，并与生产端的仓储、生产进行实时对接，实现智能化配送和生产，既可随时满足不同客户对不同规格、品类彩纱的小批量需求，又能满足生产端低成本、大批量的生产要求。

二、主要做法

（一）实施背景

湿式印染行业是纺织行业的中枢环节，传统彩纱一直沿用湿式印染法，但由于印染行业存在严重的环境污染问题，人们开始探索开发干式着色法进行彩纱的纺丝着色。干式着色法指的是在 PET 融熔纺丝过程中添加色母料对纤维进行着色的工艺技术。干式着色法实现了颜料与纤维在分子量级上的有机融合，同时全过程无副产物排放，从根本上解决了传统印染工艺中存在的成本高及环境污染严重等问题。

然而，由于全球彩纱需求市场呈现多品种、小批量的需求特征，而干式着色法生产端在生产过程中又存在一定的最低生产规模要求（一般在吨级以上），一个单一品类几十千克的彩纱对于需求端来说是常规订单量，但对于干式着色法生产企业来说则可能连过渡色的用料量都不够，这导致干式着色法彩纱供需无法对接的矛盾，也制约了干式着色法彩纱工艺技术和产业规模的发展。

为化解干式着色法彩纱生产存在的供需矛盾，降低湿式印染工艺存在的环境负担，同时本着促进塑料资源再生产业的绿色发展目标，福建省百川资源再生科技股份有限公司创建了基于"互联网+"的绿色化再生彩纱超市的关键技术研发与产业化应用项目。

（二）总体思路

本项目主要围绕再生多彩涤纶纱线与面料的绿色生产制造系统集成，开展关键技术研发与产业化应用，并构建基于"互联网+"的绿色再生彩纱超市。通过项目的实施，已建成了 1 万吨再生彩纱示范生产线，并计划通过彩纱超市项目的运营寻求与国内同行代工合作、联合经营、技术辐射推广等深入合作。本项目预计将盘活行业中大量闲置的生产线，最终构建成 30 万吨再生彩纱的技术体系，扩大行业差别化涤纶纤维的市场份额，推动绿色产品在纺织产业中的推广应用，进一步降低纺织行业的生产成本，激发并带动提升我国纺织行业的整体竞争力。

（三）实施路径与方法

本项目旨在借助互联网信息技术，构建一套从订单采集到智能排单生产及库存信息实时更新的闭合系统，从而形成绿色化再生彩纱超市。项目实施路径如图 2-12-1 所示。

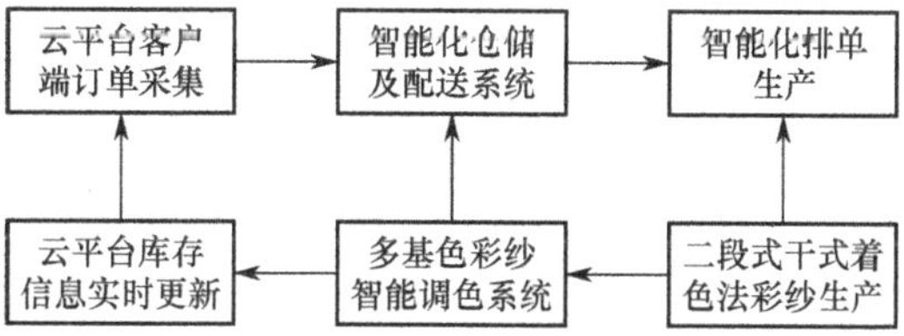

图 2-12-1　项目实施路径

其中，实施方法如下：

（1）现有再生 PET 长丝生产工艺及设备的绿色化改造：将挤出造粒工艺引入干式彩纱纺丝的生产过程中，并使纺丝工艺过程由一段式转变为两段式：第一阶段，超洁净 PET 瓶片→结晶干燥→熔融→醇解均化→缩聚增粘→挤出造粒；第二阶段，结晶干燥→熔融→多基色智能调色→纺丝。

（2）多基色彩纱智能调色系统的开发：即研究开发多基色色母智能调色

工艺在再生 PET 彩纱纺丝生产上的普适性应用。

（3）信息化的订单管理模式：通过互联网云平台应用软件，将全球彩纱产品的市场需求信息进行整合，并实现市场与生产端在产品生产、仓储及配送管理上的实时对接，为彩纱超市的建设提供基础条件。

（4）多达 1000 种以上不同颜色、不同规格再生彩纱产品的仓储建设和管理模式探索：实现全球范围内彩纱产品的生产与需求的对接。

（5）云平台系统软件的创建：推动生产和订单采集方式的转变，并实现彩纱产品由传统的来单生产到集中规模化生产，由传统业务员挨家挨户推广模式到客户借助网络平台进行自动推广模式的转变。

（四）实施过程中的问题与挑战

1. 原料短缺造成的生死困局

在禁废令政策出台及环保要求的双重压力下，该公司原料极度短缺，成本迅速攀升。为在变局中生存，突破逆境，该公司果断决定向产业链上游延伸，布局国内整瓶回收加工体系，形成“整瓶回收-分拣-破碎-清洗-纺丝-织造”的完整产业链。

2. 废瓶回收清洗关键技术难点突破

纺丝质量的好坏与瓶片的洁净率息息相关，若瓶片当中的杂质过多，设备将长期处于超负荷运转状态，并且在纺色纱的过程中产生色差，严重影响纺丝质量。为突破整瓶脱标、杂质有效分离的关键技术难点，该公司进行了数项研发与技术改进，并引进先进设备，实现了原料的超洁净度，确保纺制高质量涤纶长丝。

3. 创新模式的挑战

为推动干式着色法实现规模化生产效应，如何打通碎片化、快反应的市场需求和生产端出现的供需矛盾，成为项目面临的重大挑战。经过深入市场调研，该公司大胆探索商业模式的创新与变革：①通过开发云平台客户端应用软件，将传统业务员挨家挨户地推广模式转变为客户借助网络平台进行自动推广模式，将全球彩纱产品的市场需求信息进行整合，实现市场与生产端在产品生产、仓储及配送管理上的实时对接，为彩纱超市的建设提供基础条件。客户可以结合给定的标准色系，或根据自身的个性化需求，直接通过平台下单，再由生产端进行集中生产及原物料的集中采购和管理，极大程度地节约了生产和营运成本，提升了产品的配送效率。②建设 1000 种以上不同颜色不同规格再生彩纱产品仓储平台管理方案，在构建快捷更换彩纱生产颜色的智能化装备系统的基础上，使每种颜色/规格的彩纱产品的库存量都减少到 2 吨级以内，并为再生彩纱超市配套新建设 1.1 万平方米的现代化仓储及配套设施。创新的发展模式为实现全球范围内彩纱产品的生产与需求的对接，以及彩纱生产和营运成本的降低奠定了基础。

（五）未来建设方向

未来，该公司将继续加大产品研发力度，为客户提供小批量、快时尚、多样化的绿色纺织品，还将推进与下游零售品牌的深度合作，定制开发流行纤维及绿色面料。同时，该公司将充分发挥再生彩纱超市的示范效应，通过联合经营、技术辐射推广等方式与同行展开深入合作，盘活行业闲置生产线，构建再生彩纱技术体系，持续降低纺织行业生产成本与绿色发展水平，增强我国纺织行业长期健康发展的综合实力。

三、经验效果

据测算，与传统的染整工艺相比，本项目建设并采用的干式着色法，生产一吨彩纱产品可回收利用大约 35000 个废旧 PET 瓶，节省 6 吨印染水资源、4 吨印染蒸汽消耗、2 吨燃煤，减少排放 6 吨印染废水、48 千克二氧化硫、50 千克烟尘、288 千克炉渣；大大提升了该公司产品的绿色化生产水平，制造技术绿色化率从现有的 67%提升到 91%，制造过程绿色化率从 68%提升到 92%，资源环境影响度从 94%降低为 63%，现已形成一套完整的技术体系与标准体系，可向行业进行技术辐射与产业化示范推广。该公司结合“互联网+”的推广模式，通过云平台进行全球范围内的订单数据收集，打通了供需通道，一方面实现了小批量干式着色法彩纱生产工艺对传统湿式印染工艺的替代，解决了印染过程中所产生的污染物排放；另一方面促进了再生彩纱的推广和应用，也为废旧塑料的再生循环利用拓宽了道路，从而引领纺织行业的绿色化发展，实现社会、经济、环保的三方共赢。

案例十三

中电凯杰 SMT 行业网络协同平台

一、基本情况

在新技术革命和经济社会发展新诉求的共同推动下，我国相继出台了一系列规划——“互联网+”行动计划，大众创业、万众创新，大数据应用等。这些规划都有一个共同的指向——制造业要走向智能化、数字化、网络化、绿色化，企业要迈向智能工厂。中电凯杰科技有限公司（以下简称中电凯杰）积极响应国家方针政策，始终坚持“制造业与互联网融合”发展战略，联合母公司中电工业互联网有限公司、长沙智能制造研究总院有限公司共同打造“SMT 行业网络协同平台”，致力于重构 SMT 企业的生产方式和商业范式，赋能 SMT 企业实现转型升级，加速推动 SMT 行业发展。

（一）企业概况

中电凯杰前身为湖南凯杰科技有限责任公司，成立于 2004 年，2019 年 3 月转入中电工业互联网有限公司旗下，系中央管理骨干企业中国电子信息产业集团有限公司成员单位，该公司位于湖南长沙经济技术开发区科技新城，是中部地区最早的 SMT 制造企业，目前已完成基于工业互联网平台的 SMT 云工厂建设，是“5G+工业互联网”试点单位。

中电凯杰始终围绕“制造、研发、运营、市场”四大核心要素，以中电云网 SMT 行业云平台+数字化工厂为载体，示范引领 SMT 行业提质增效。该公司依托中电云网，对传统 SMT 生产制造进行转型升级，形成了数字化 SMT 生产线与 SMT 行业云平台相结合的电子信息制造新业态，通过行业云平台，打通了从元器件集采、PCB 设计制造、SMT 加工到调试组装的全过程服务生态链，帮助客户“一站式”解决生产加工需求，并在湖南省内示范引领 SMT 行业企业提质增效。

（二）项目概况

近年来，随着 SMT 贴片加工行业竞争加剧，提升产品质量、降低生产成本、提高生产效率已成为 SMT 行业的共识。SMT 产品的微型化、高密度化、品种多样化，以及组装制造过程的高度自动化、快速化等特征，使质量检测与控制的信息量大而复杂，再加上质量检测与分析不及时和设备维护延时等问题，导致采用传统人工或人工辅助条件下的质量信息采集、统计、分析、诊断和控制方法，很难做到及时、准确、稳定。因此，利用工业互联网平台开展基于大数据、云计算、人工智能的质量追溯、质量控制、质量预测、质量改进等成为 SMT 质量管理的必然趋势。

SMT 行业网络协同平台融合了 IoT、大数据、AI 等多项先进技术，沿“销-供-产-研-质”生产流程提供一体化集成解决方案。从设备终端到数据采集上云，从数据采集、传输、计算、存储、展现到分析，该平台提供了全面的基础产品和服务。通过构建精准、实时、高效的质量数据采集系统，实现数据在线收集、生产过程实时监控、在线预警与在线分析及改进等功能，有效提升了产品质量的稳健性，降低了生产成本，提升了生产效率。该平台已在中电凯杰等 SMT 相关企业产线应用，质量波动降低 80%以上、质量提升 70%以上、生产效率提高 40%以上、设备维护成本降低 35%以上、设备寿命延长 20%以上，平均每条生产线提升效益 20 万元/年。

二、主要做法

（一）SMT 行业情况

我国 SMT 行业发展迅速，特别是 2017 年以来，中国电子信息产品制造业每年保持 15%～20%的年增长率。2020 年，我国 SMT 行业规模及核心设备贴片机保有量位居世界第一，随着 5G、云计算、大数据的蓬勃发展，SMT 市场将长期保持稳健增长。然而，我国 SMT 行业仍存在“大而不强”的问题，核心装备关键技术自给率较低，行业信息化管理水平不足，生产线智能化程度有待提升。SMT 行业有着生产线投资大、管理要求高、需求变化快的特点，随着电子信息产品的多样化，SMT 行业生产从小品种、大批量向变品种、变批量快速转变，生产商需具备更强工艺和制造管理能力，行业也应具备更快的市场响应速度和更强的信贷融资能力。

我国 SMT 行业在发展过程中还存在以下几个问题：

一是 SMT 供需对接困难，需求侧对高端产品、个性化定制产品的要求高、变化快，供给侧无法准确把握市场需求，难以进入高端市场，导致“高端市场丢失，低端市场拼价”的问题长期存在。

二是 SMT 中小型企业融资难、规模小、资金实力弱、经营风险大、信用能力较低，传统融资渠道难以满足企业扩大生产的需要。

三是 SMT 行业缺乏信息化管理手段，数字化改造受制于工业数据的协议不标准、数据传输所需带宽巨大、安全性考虑不足等问题。

四是 SMT 行业质量提升难，部分人员质量意识薄弱，材料控制水平有待提高，过程控制与质量控制尚需加强。

（二）建设情况

1．平台架构

SMT 系统总体架构分为 PaaS 层、BaaS 层及 SaaS 层，其中 SaaS 层包含工业 App 及应用层，应用层中主要包含的功能有 WMS、MES、供需平台及区块链应用。系统总体技术路线以建立 PaaS、BaaS、SaaS 基础服务为基点，建立起一套高并发、高可用、高安全性的云平台系统，实现 WMS、MES 及供需平台等基础服务功能，同时基于平台产生的数据（包含订单、客户、供应商、厂商等），引入区块链技术及大数据分析技术，建立供应链金融及工业 App 等应用。SMT 行业云技术架构如图 2-13-1 所示。

2．平台功能

该平台主要功能由 SaaS 层提供，SaaS 层是一个基于 SMT 行业生产线改造、企业内部信息化应用、SMT 产业上下游业务衔接等多个环节的产业链综合应用平台，包括 SMT 企业内部的 ERP、WMS、MES 等云信息化系统，供应链上下游订单衔接的集采平台、区块链应用及供应链金融，以及基于产线数据采集的质量检测分析、产品研发改进等多类深度应用工业 App 等。该平台核心模块功能包括：

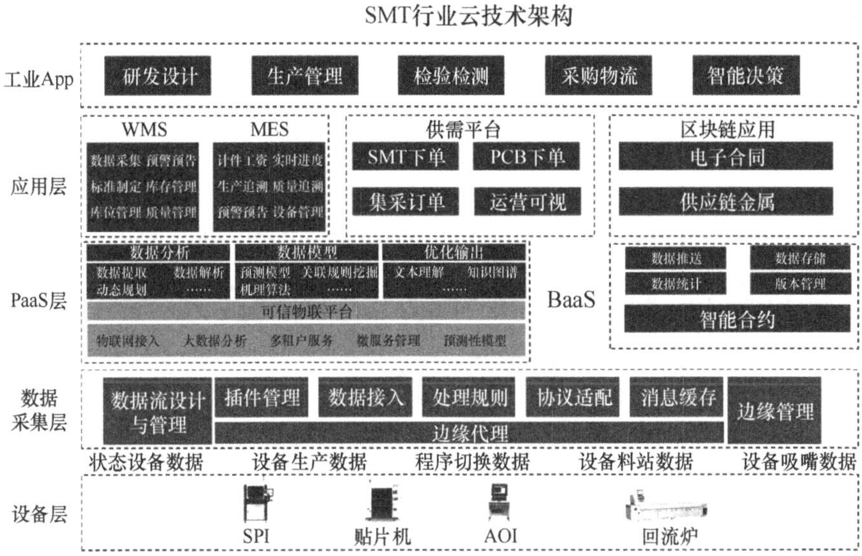

图 2-13-1　SMT 行业云技术架构

（1）云化 ERP 系统，整体包括 OA、行政办公、销售管理、采购管理、库存管理、生产管理、物料需求管理、财务总账、成果管理等模块。

（2）云化 WMS 系统，包括入库、库内和出库三大流程管理，具体流程步骤包括送货预约、质检、验收、上架、补货、移库、盘点、接受订单、拣货、包装复核、装车等。

（3）云化 MES 系统，实现了基于统一基础数据、统一系统框架的指挥调度，主要功能包括数据采集、预警预告、标准制定、库存管理、库位管理、质量管理等。

3. 平台应用

线上平台应用包括 SMT 行业数据采集汇聚与展示、SMT 生产线大规模网络协同生产和 SMT 行业企业评价 3 个方面。

1）SMT 行业数据采集汇聚与展示

数据采集汇聚应用完成对各种异构设备的数据采集、解析与计算和分析等。数据采集的对象包括 SMT 行业的各个工位的设备，如物流相关的 AGV 小车、TuoTong、Conber 轨道、各类接驳台，制造相关的 DEK、Dtek、BTU、AOI、SPI、ERSA、KE700、ORMON 工艺设备，通过 CSV 文件接口、西门子 OIB 接口或工业数据库还可以完成对非智能化设备的数据采集。数据采集的过程中，重点解决了有效解决协议适配、时间一致性、传输稳定性、故障恢复、设备侵入性等问题。数据采集汇聚架构如图 2-13-2 所示。

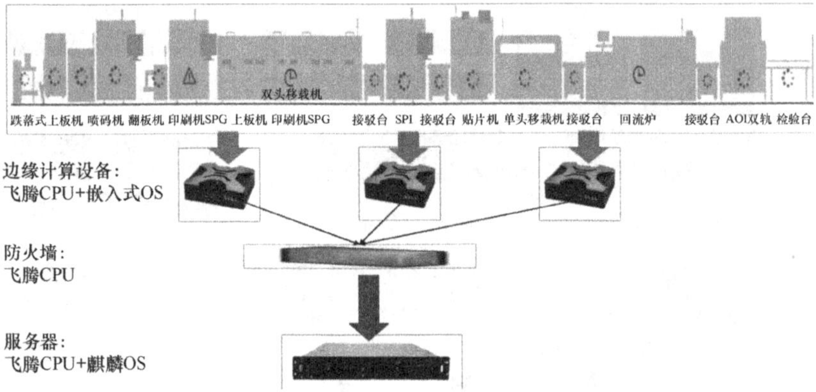

图 2-13-2　数据采集汇聚架构

通过数据采集，可以获取的数据项目包括：①设备状态数据：设备生产、进出板、报警等状态及时间信息；②设备生产数据：程序名、生产、消耗数量及各类错误信息；③程序切换数据：生产线、设备、轨道、程序、上传时间等；④设备料站数据：机器、轨道、站位、通道、料号、用量等；⑤设备吸嘴数据：程序、每个吸嘴的实时消耗、抛料数据等。

依托分布式 MQTT 消息集群进行数据的缓存，汇聚并发采集的多路数据，实现了千万级设备接入，并对一系列数据进行展示，如可视化订单信息（见图 2-13-3）、工厂信息、产品质量追溯信息、智能工厂数据中心（见图 2-13-4）、车间生产信息等。

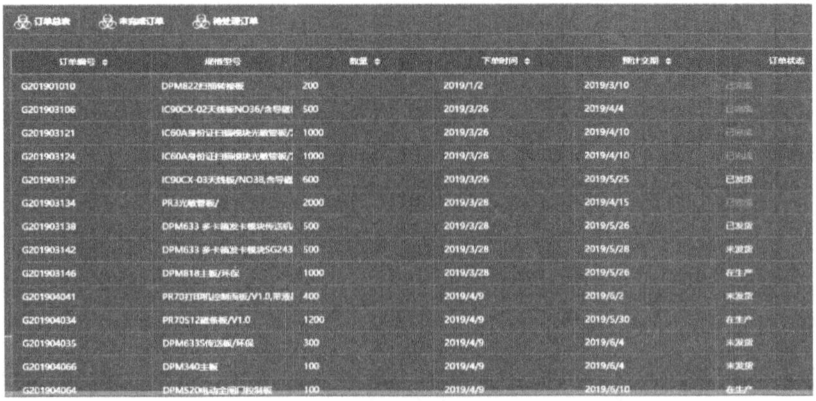

订单总表　未完成订单　待处理订单

订单编号	规格型号	数量	下单时间	预计交期	订单状态
G201901010	DPM822扫描转接板	200	2019/1/2	2019/3/10	[illegible]
G201903106	IC90CX-02天线板NO36/含导[illegible]	500	2019/3/26	2019/4/4	[illegible]
G201903121	IC60A身份证扫描模块光敏管板/[illegible]	1000	2019/3/26	2019/4/10	[illegible]
G201903124	IC60A身份证扫描模块光敏管板/[illegible]	1000	2019/3/26	2019/4/10	[illegible]
G201903126	IC90CX-03天线板/NO38,含导[illegible]	600	2019/3/26	2019/5/25	已发货
G201903134	PR3光敏管板/	2000	2019/3/28	2019/4/15	[illegible]
G201903138	DPM633 多卡槽发卡模块传送机[illegible]	500	2019/3/28	2019/5/26	已发货
G201903142	DPM633 多卡槽发卡模块SG243	500	2019/3/28	2019/5/28	未发货
G201903146	DPM818主板/环保	1000	2019/3/28	2019/5/26	在生产
G201904041	PR70打印机控制面板/V1.0,带[illegible]	400	2019/4/9	2019/6/2	未发货
G201904034	PR70S12键盘板/V1.0	1200	2019/4/9	2019/5/30	在生产
G201904035	DPM633S传送板/环保	300	2019/4/9	2019/6/4	未发货
G201904066	DPM340主板	100	2019/4/9	2019/6/4	未发货
G201904064	DPM520电动全闸门控制板	100	2019/4/9	2019/6/10	在生产

图 2-13-3　可视化订单信息展示

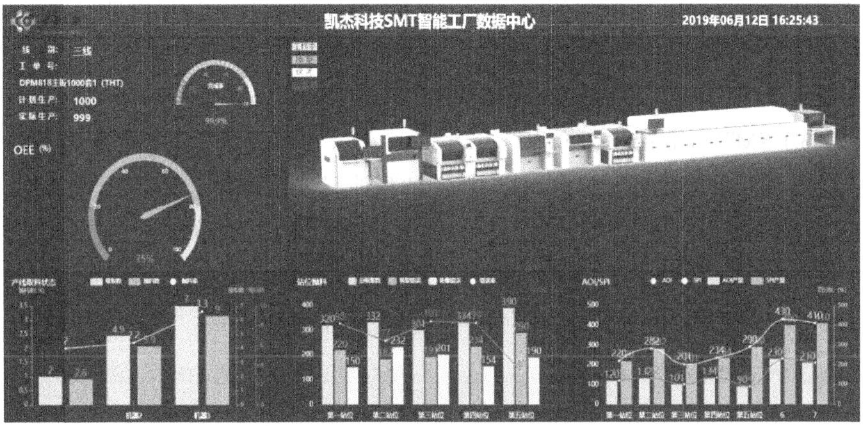

图 2-13-4　智能工厂数据中心展示

2）SMT 生产线大规模网络协同生产

网络协同生产面对平台中不同 SMT 生产企业的生产能力，以及资源负荷情况各不相同的情况，基于对设备数据进行的实时采集，通过 MES 将所有企业的设备状况及生产进度实时在平台上展示。结合平台客户 SMT 生产订单工艺要求、数量、交期等综合需求，该平台建立了多企业生产资源与能力系统的订单分配算法和关联规则，可以获取订单最优匹配度的企业信息并分配订单，使企业之间直接进行资源协同，提升不同企业间的资源协同能力，提升平台 SMT 企业整体设备利用率，提升企业效益。基于 SMT 行业云的网络协同生产平台运行流程如图 2-13-5 所示。

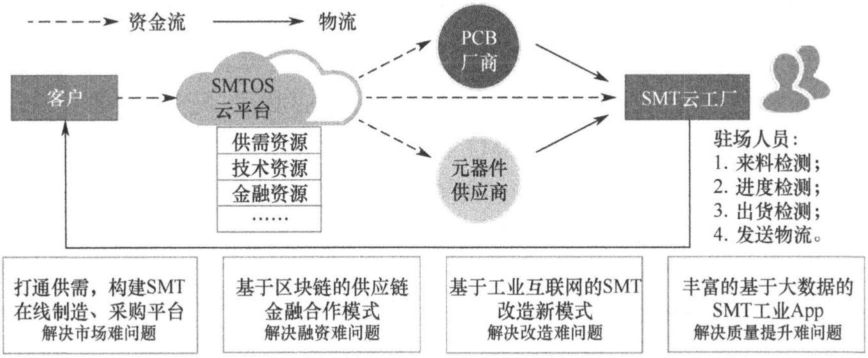

图 2-13-5　基于 SMT 行业云的网络协同生产平台运行流程

MES 的建设及应用依据 PCB 板组装企业的信息化现状及特点，以智能制造为核心理念，对 SMT 行业 MES 所需的相关功能模块进行设计及搭建，并提供一系列独特的管理方式及管理工具，以提高生产效率，改善产品品质，缩短生产周期，降低制造成本。

3）SMT 行业企业评价

行业企业大数据评价为用户直观、清晰地展示数据概况、经济运行情况、运行监测情况、评价分类情况，更好地为用户决策、产能布局、企业转型升级提供科学化、精准化数据支撑，激发企业创新活力，提高全要素生产率。基于 SMT 行业云的企业效益评价平台如图 2-13-6 所示。

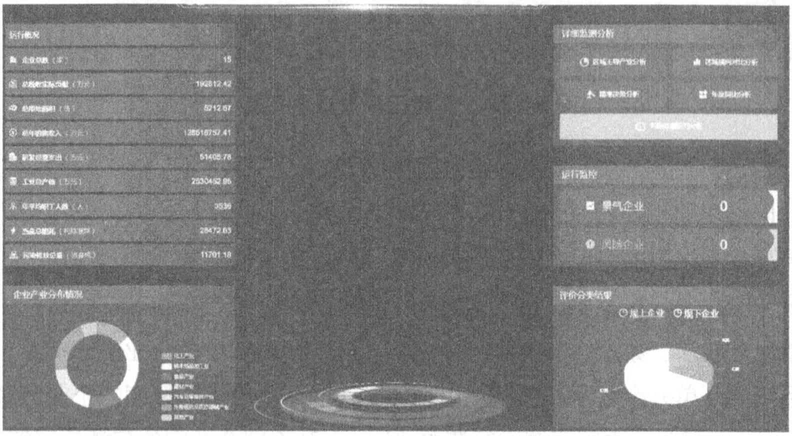

图 2-13-6　基于 SMT 行业云的企业效益评价平台

行业企业评价应用包含四大板块：一是数据归集，通过汇聚 SMT 企业运行数据形成综合评价数据库；二是研判决策，精准掌握企业信息，支撑预测决策；三是综合评价，建立评价体系对企业进行一键评价；四是企业驾驶舱，可视化同行企业所有资源数据，精准规划企业发展。行业企业评价的六大价值体现在：一是摸清本地 SMT 行业"家底"，二是真实掌握 SMT 行业运行状态，三是科学分析工业企业质量效益，四是精准淘汰低端低效落后产能，五是合理提高资源综合利用效率，六是高效提升企业转型发展层级。

三、经验成效

（一）企业效益

企业通过信息化软件和智能化硬件的支撑，建立了 MES 与 WMS 整合的 IT 支援体系，利用显示终端可视化，实现生产线智能化生产管控。目前，中电凯杰的数字化车间改造效益明显，SMT 年度生产达成率为 98.50%，年度 SMT 直通率为 99.47%。平均每条生产线提升效益 20 万 ~ 25 万元/年。如果在全国 8 万多条生产线推广应用，预计可以为社会创造的价值超过 160 亿元/年。

中电凯杰本着“四节二保一加强”的原则（节能、节地、节水、节材和保护环境、保护人体健康、加强运营管理）进行整体规划设计。通过智能仓储、AOI 自动检测、自动化生产设备的使用，将单工序设备连线生产，提高生产效率和人工产出，提升生产线设备的利用率，SMT 年度生产达成率为 98.50%，年度 SMT 直通率为 99.47%。

（二）经济与社会效益

（1）有利于提升智能化生产线水平。建立较好的信息化管理系统，以此推动和实现订单、仓储和生产制造过程的统一调度，有序排单生产，节省换线时间，减少浪费、提升产品质量、快速响应客户产品需求、缩短生产周期、提高生产效率。

（2）有利于促进电子信息产业转型升级。本项目作为信息技术和自动化技术融合的核心产物，如果得到及时、快速发展，将对智能制造产业升级发挥至关重要的推动作用。

（3）有利于形成智能制造新模式并实现产业化推广。结合 SMT 行业生产工艺特点，聚焦在贴片、插件、测试各个制造环节，解决了一批自动化领域的业内共性问题，设计出一批具有 SMT 行业特色的成套智能应用装备及解决方案，并进一步将各自动化单元设备串联成一条自动化智能生产线，极大地提高了工序衔接效率，减少了人员。该平台在行业具有极大的示范性和推广意义，可迅速提高行业自动化水平，形成可快速推广的智能装备生产模式。

反侵权盗版声明